頭の回転を速くする45の方法

久保 憂希也　芝本 秀徳

ディスカヴァー
携書
193

本書は小社から2012年に出版された『頭の回転数を上げる45の方法』を再編集・改題したものです。

まえがき

成果の違いを分ける「素アタマ」の性能

私たちはこれまで、一人（久保）は税務会計のプロフェッショナルとして、一人（芝本）はソフトウェア開発のプロジェクトマネジャーとして、分野は異なるが、それぞれビジネスの現場に身を置きながら、多くの場面に遭遇し、多くの人たちと出会ってきた。

そういった中で、どんな局面にあっても必ず成果を出す人と、そうでない人がいた。すばらしく頭の回転が速く、次々に結果を出し、「いったい、この人の頭はどういうつくりになっているのだろう」と思わされる人もいれば、知識も豊富で決して頭が悪いわけではないのに、なぜかまったく成果を出せない人もいた。

その違いはどこにあるのだろう、どうすれば頭の回転を速くして成果を出すことができるのだろう。そんな議論から、本書の構想は始まった。

自分たちの周りで成果を出している人、すごいと思う人を観察し、著者二人で議論を重ねた結果、それは「知識やスキルを運用する頭の土台の性能」に違いがあるのだという結論に至った。

コンピュータにたとえれば、知識やスキルがアプリケーションソフトウェアであるのに対し、それを運用する土台はOSであるということができるだろう。頭の回転の速い人は、知識やスキルが高いというよりも、このOS（＝土台）レベルの能力が高いのだ。OSの性能が低ければ、いくら知識やスキルを集めても、成果を上げることはむずかしい。

このOSのことを私たちは「素アタマ」と呼ぶことにした。「素アタマ」とは、頭の素地、のようなものをイメージしていただきたい。知識やスキルの運用基盤となる、いわばプラットフォームのようなもので、知識やスキルの運用能力を指す。

「素アタマ」のいい人は、どんな分野でも成果を出すことができる。「素アタマ」とは、分野をまたいで機能する、汎用的な知的運用能力である、ということもできる。

テクニックをコレクションしても成果は出ない

「素アタマ」のいい人には特徴がある。それは、プロセスを大切にしているということだ。知識やスキルを獲得すること、結果を出すことよりも、それに取り組むプロセスを大切にする。

ビジネス書やセミナー、職場の会話などで「スキルアップ」という場合、よく見て（聞いて）みると、単に「新たなテクニックを得る」ことを指しているにすぎないことも多い。そこには「できるだけお手軽に成果を上げたい」という思いが見え隠れする。

いくらスキルアップ本を読んでも、セミナーに参加しても、なかなか仕事で成果につながらないのは、ここに理由がある。テクニックのコレクションに終始して、それを運用する頭のOS、すなわち「素アタマ」を鍛錬するプロセスが抜けているのだ。

テクニックは必要だ。しかし、それを適切に使えなければ役には立たない。テクニックは、文脈に依存する。それぞれのテクニックにあった文脈、タイミングがある。ある文脈では通用しても、別の文脈ではまったく役に立たないことはよくある。それを知り、使いこなすために必要となるのが、知的運用能力、すなわち「素アタマ」なのだ。

スキルアップ本を読んで、形だけならすぐに真似することはできても、そこにある思考やマインドを真似ることは簡単ではない。知識やスキルを運用する「素アタマ」は、一朝一夕に獲得できるものではない。一つのことに打ち込んで、一歩一歩鍛錬を積み重ねて、やっと得ることができる。

成果を出す人がプロセスを大切にするのは、一時的に成果を出せているように見えても、そこにプロセスが伴っていなければ続かないということをよく知っているのだ。

「道」と「術」の違い

古来、日本ではそのプロセスを「道」と呼んだ。

「柔道」と「柔術」、「弓道」と「弓術」、「武道」と「武術」のように、同じ技術を取り扱うものにも、「道」と「術」がある。ここでいう「道」と「術」の違いは何か。

それは焦点の違いだ。「術」というからには、その技術や結果に焦点がある。極端にいえば、相手を倒すという結果とその方法に力点がある。一方「道」とは、そのプロセスやマインドに焦点が当たっている。つまり、技術を獲得するまでの鍛錬や心の成長に力点があるといっていい。

これはどちらがいいというものではない。どちらも取り組み次第で、良くもなれば悪くもなる。

技術の獲得に焦点を当てすぎれば、人よりもうまくなること、人よりも強くなること、人に勝つことだけが興味の対象になる。自分よりもうまい人間や強い存在を認められなくなる。自分のほうが優れていることを示すためには、戦い続けるしかない。そこに人間的な成長はない。

一方、プロセスやマインドに重きを置きすぎると、技術の向上がおろそかになる。プロセスそのものが目的化してしまうのだ。あらゆる技術は役に立たなければならない。しかし、鍛錬すること自体に意味があるということを突きつめると、それが本当に役に立つのか、機能するのかということに意識が向かなくなり、概して、形式や伝統を守ること、流派を受け継ぐことばかりに躍起になって、革新すること、新たに創造することをやめてしまう。

つまり「道」と「術」のバランスが大切なのだ。

ひるがえって、いまの世の中を見てみると、「術」にあまりに偏ってしまっていると感じるのは私たちだけではないだろう。小手先のスキルアップや知識の獲得に躍起になり、そのプロセス、「道」が軽視されているように思えてならない。

「術」は「道」を伴って、はじめて役に立つ。どちらか一方だけでは成果を生み出すことはできない。「道」と「術」は不即不離なのだ。

守破離

「守破離」という言葉がある。もとは茶道の世界でいわれ始めたもので、それからさまざまな「道」で使われている。ものごとに通じていく過程を表した言葉だ。

「守」とは教えを守ること。自己流では結果を出すことはむずかしい。先人の試行錯誤の結果、いまの教えがある。同じ試行錯誤をする必要はないのだ。その労力は、新しいことを生み出す創意工夫につぎ込めばいい。そのために、「守」の段階では、先人の教えを愚直に守る。だからこそ、師は慎重に選ばなければならない。師は三年かけて探せと言われるほどだ。

「破」とは、「破る」という意味に理解している方も多いが、これは誤解を招く。これは「ひらく」という意味だ。「守」で師の教えを守り、愚直に鍛錬を積み重ねていくと、実践する過程で、それが身についてくる。意識しなくても、自然とできるようになる。この境地を「破」という。単に応用編のような位置づけではない。あくまでも「守」を積み重ね、実践を重ねていくうえで顕れてくる境地なのだ。

そして「離」で、何事にもとらわれない域に達する。カタチにこだわることなく、本質を得て、融通無碍《ゆうずうむげ》の境地に至る。鍛錬を積み重ね、身につき、さらに基本にかえる。

言いかえれば「守破離」とは、**原理原則を学ぶ段階、それが身につき実践する段階、そして形を離れて本質を得る段階**、ということができる。

ビジネスにおける「守破離」とは

ビジネスにおけるプロセスにも、同じように「守破離」がある。

先輩や上司に「仕事とはどういうものか」を教えてもらい、それを習い学ぶ「守」の段階。そして、一人で動くようになり、後輩や部下ができ、教えを実践するようになる「破」の段階、そしてビジネスというものの本質を理解し、人間としての滋味も深くなる「離」へと至るのだ。

「素アタマ」(=知的運用能力)は、身体能力に似ている。テクニックや知識を活かす素地をつくるには、さまざまなトレーニングが必要だ。本書では、テクニックや知識だけを求めるのではなく、プロセス＝「道」があってこそ、それらを活かす運用能力を身につけることができるのだという思いを込めて、トレーニングメニューを「守破離」のステージに分けて解説した。

ただし、「守破離」は本来、厳密に分かれているものではない。それは折り重なっているものだ。だから、本書のトピックも最初から読まないといけないというわけではない。目次を眺めて、興味をもった項目から読んでいただければ幸いである。

著者記す

頭の回転を速くする45の方法

目次

守

基礎を鍛錬する　55

問題に取り組む　81

破

先を読む 103

離

次元を上げる　173

場を読む、人を知る　193

あとがき

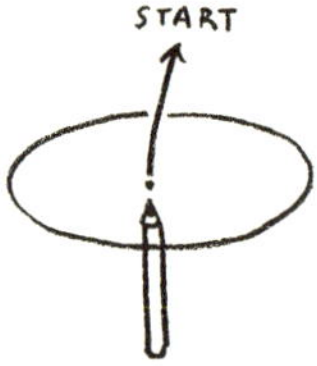

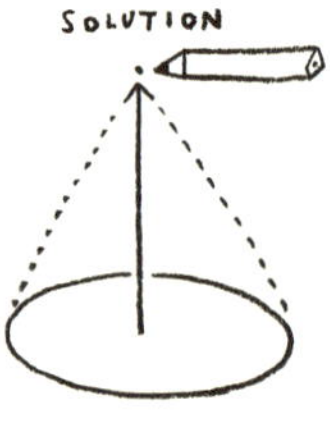

守

心構えを知る

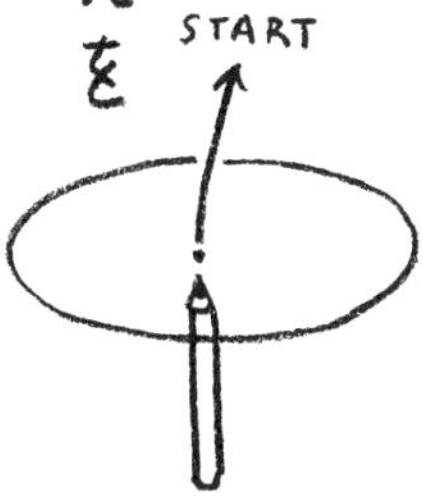

大事をなさんと欲せば、小さなる事を怠らず勤しむべし。小積りて大となればなり。凡そ小人の常、大なる事を欲して、小なる事を怠り、出来難き事を憂えて、出来易き事を勤めず。それゆえ、終に大なる事あたはず。それ大は小を積んで、大となる事を知らぬ故なり。

——二宮尊徳

01 当事者意識をもつ

「守」のステージでは、主に仕事をしていくうえでの心構えや取り組み方、そして、頭の回転を速くするための基礎訓練について説明する。

心構えは、仕事のすべてに影響する。精神論だけでは役に立たないが、精神論がなければすべてが台無しだ。マインドや基礎が伴わない成果は、徒花《あだばな》のようなもので、やがて陳腐化する。ブレない軸をもたなければ、三十代になっても四十代になっても状況に振りまわされるばかりの、ふわふわしたビジネスパーソンになってしまう。

●

仕事に取り組む姿勢のうち、基本中の基本ともいえるのは「当事者意識をもつ」ことだ。

社内の同僚と夜な夜な飲み屋で愚痴をこぼす……よくみかける光景だ。確かに、他部署の人が悪かったのかもしれない。上司の考えが急に変わったのかもしれない。しかし、愚痴を言うその人に「当事者意識」はあるのだろうか。愚痴を言うなということではない。自分以外の誰かに責任を押しつけて、仕事が本当にうまく進むのかという話だ。

意識には三つの段階がある。

一つめは「問題意識」。いまやっている仕事に問題を感じなければ、改善の行動はない。仕事をより良くすることが仕事である。問題意識をもつことが出発点だ。

次に「危機意識」。このまま仕事をしてさえいれば、会社が給料を払ってくれるものと思っているのであれば、それは危機意識の欠如だ。会社は利益があるから存続できるのであって、がんばったから存続できるのではない。

そして最後に「当事者意識」。仕事は自分がやっているのであって、「自分がやらなければ誰がやるんだ」という「自責」の意識。

これら三つの意識は順番になっている。つまり、問題意識がない人が危機意識をもつということはないし、危機意識があるからこそ当事者意識がめばえるのだ。

なぜ当事者意識が大事なのか。それは、「思考を停止させない」ためだ。他人のせいにする、上司のせいにする、会社のせいにする。他責にするのは簡単なこと。しかしそれは、自分の責任を放棄していることに他ならない。

他責にすれば、その瞬間から、自分で何も考えなくなる。人のせいなのだから当然だ。「誰かが考えて処理しろよ」というわけだ。しかし、こんな考えで仕事が先に進むだろうか。

自分で考え、自分で行動するから、仕事を進めることができるのだ。仕事は確かに、チーム全員での共同作業。自分だけでできることは少ないかもしれない。そこにお客様や取引先、株主といった利害関係者が加わる。

そうした中で「仕事をうまく進める」とはどういうことかといえば、関係する利害を調整し、その中で最大限の成果を上げることだ。そこで「他責にする」のはつまり、自分が仕事をコントロールできないと考えることである。すべてコントロールするなんて無理だと考えることはつまり「あきらめ」だ。

確かに、すべてをコントロールするのは不可能かもしれない。しかし、あきらめが正しい意識なのだろうか。

当事者意識をもてない気持ちはわかる。実際には、仕事がうまく進まないのは自分のせいではないことも多いのだから。

しかし、成長するためには、いったんどんなことも「自分のせい」とする自責の考えが必要となる。「起こった結果はすべて自分の責任」と受け止め、その上で状況をコントロールする方法を考えるのだ。

当事者意識をもち、自分の責任で仕事を進める人間になろう。そのためには、次の三つを実践するといい。

①自分に問いかける

他責にしたいことが起こったとき、自分に問いかけよう。「自分にもっとできることがあったのではないか」と。他部署のせいといいながらも、もっと事前の調整ができなかったのか。上司のせいといいながらも、自分から上司に確認できなかったのか。部下のせいといっても、自分がプロセスをチェックしなかっただけではないのか。「自分にもっとできることがあったのではないか」と自分に問いかけることで、当事者意識をもつことができる。

②他部署の仕事を率先して請け負う

他部署が言ったとおりにしてくれない、部署内の役割分担が明確でない。これはチャンスだ。他部署の動きが悪いのであれば、他部署から仕事を移管してもらうよう依頼すればいい。部署内で役割分担を明確にするのであれば、自分がコントロールできる領域を増やすよう、上司に依頼してみればいい。それで仕事がうまくいくのであれば、誰でも許可するはずだ。

コントロールできる仕事の領域を拡げてしまえば、もう後には引けなくなるのだから、当事者意識を醸成するには最高の実践だ。

③悪いことは自分のせい、良いことは他人のおかげ

聖人君子ではないが、できる人は「悪い結果になればすべて自責」「良い結果になればすべて他人のおかげ」と考えている。

悪い結果と良い結果で、そのつど考え方を切り替えることができれば、当事者意識としては最高レベルといえよう。

02 中庸を知る

「中庸《ちゅうよう》が肝心」。よく聞く言葉だ。「何事もほどほど、中ぐらいがいい」という意味で使われることが多いようだ。しかし、これは中庸の本来の意味ではない。
中庸の本来の意味は「偏らない」ということ。中庸の「中」は「真ん中」ではなく、「中《あた》る」。「的中」の「中」と同じである。つまり時と場合によって、その状況においてふさわしい対応を偏らずにできることを指している。これを孔子は「時に中す」と言っている。

では、どのようなときも偏らずに的確な対応ができる人になるには、どうすればいいか。

①両極端を経験する

そのためには、経験の幅が必要だ。豊富な経験があるからこそ、その中で培われた知恵で対応することができる。そこそこの経験で、「中《あた》る」対応は望めない。経験の幅を広げるためには、両極端を経験してみることだ。

仕事に取り組むなら、朝から晩まで寝食を忘れて打ち込む。趣味に興じるなら、仕事以外の時間はすべてそのことを考えている、お金もできるだけつぎ込む。中途半端に取り組んでも、上達もしなければ面白さもわからない。つぎ込んだ時間とお金が無駄になってしまう。「何事もほどほどに」と言っていては、成果も生み出せず、楽しむこともできないのだ。しかし、一度極端にやってみれば、必ず残るものがある。

成果を生み出している人の話を聞いてみると、学生時代に「とことん何かに打ち込んだ」という経験をもっていることが多い。スポーツでプロを目指していた、バイクにのって全国を旅していた、とにかく勉強に明け暮れたなど、どんな分野でも「極端にやる」ことで、経験の幅が広がる。その経験は他の分野においても必ず活きてくる。

また、実際に仕事を進めるうえでも、「両極端」にやってみることで、適切な対応ができることも多い。

たとえば、資料を用意するときに、どれだけの情報を詰め込むべきか、判断に迷ったとする。シンプルすぎると理解してもらえないかもしれないし、詰め込みすぎると読みづらくなる。

そういったときはまず、「シンプルすぎる」バージョンと「詰め込みすぎる」バージョンの二パターンを作ってみるのだ。そうすれば前者ではどんな情報が足りないか、後者ではどの情報が不要かがわかる。そのうえで過不足ないバージョンをつくれば、バランスのとれた資料になる。

②他人の視点をもつ

「傍目八目《おかめはちもく》」という言葉がある、人が碁を打っているのを脇から見ていると、打っている人より八目先まで読めるという意味だ。第三者的立場から見れば、より客観的に状況が判断できるということを指している。

ビジネスにおいても同様である。状況が変化したり、問題が発生したときには、「自分事」ではなく「他人事」として、問題を突き放してとらえると、より的確な判断ができる。

「これが○○さんに起きたことなら、自分はどんなアドバイスをするだろう」と考えるのだ。このように他人の立場に立つことで、偏らない視点を手に入れることができる。

「両極端を経験する」ことも、「他人の視点をもつ」ことも、どちらも「幅を広げる」ことに他ならない。両極端を知らずに、「バランス」を知ることはできない。自分だけの視点ではフラットな判断はできない。幅を広げることが「中庸」につながるのだ。

03 心で覚える

仕事で言われたこと、本で読んだこと、セミナーや講演で聞いたこと……。

「ためになることだから、これは覚えておかないと」と思っても、すぐに忘れてしまうもの。いくら頭で覚えようと思っても、すぐに忘れてしまう。「心で覚える」ことが大事なのだ。


仕事ができる人は、話題のレパートリーが多く、経験したことを仕事に活かしている。記憶の引き出しが多いのだ。

では、仕事ができる人は記憶力がいいのだろうか。

『紳竜の研究』（アール・アンド・シー）というDVDに収録されているNSC（吉本総合芸能学院）特別限定授業で、島田紳助氏は受講者に「絶対にメモをとるな」と指示したうえで、こんな内容を語っている。

「いくら頭で覚えようと思ってもダメ。心で覚えないと。頭で覚えたものは、いざというときに出てこない。しかし「心で覚えた」ものは、すぐに出てくる。結局使えるのは、心で覚えたものだけ」

これはお笑い芸人に向けた言葉だが、ビジネスパーソンもまったく同じだ。どれだけ経験しても、どれだけ本を読んでも、それを覚えること自体に意味はない。使うことができて、もっと言うと、使って成果を出すことができて、はじめて意味をもつのだ。

忘れることを恐れてはならない。覚えようと必死になってメモをとる人がいるが、そのメモを見返して、仕事に活かしたことがあるだろうか。

「メモをとることに意味がない」と言っているのではない。メモをとっても使わなければ意味がないと言っているのだ。メモをとること自体が目的になってはいないか。必要なこと、使えると思ったことだけメモをとればいい。

「全部メモに残しておけば、いつか役に立つかもしれない」と言うかもしれない。しかし、「心で覚えていないこと」には意味がないと割り切るべきだ。

仕入れた情報や経験を使うためには、頭ではなく、心で覚える必要がある。心で覚えるためにはどうすればいいのか。三つのポイントがある。

①詳細（具体的な状況）を覚える

「上司が明確な判断をしないから、自分の仕事がまったく進まない」。この経験から学ぶべきは、「上司の役割は意思決定」かもしれない。しかし、「上司の役割は意思決定」ということだけをメモして頭で覚えても、自分が上司になって同じことをするだけだ。本質（＝抽象的な結論）だけ覚えても、それだけでは使えないのである。

大事なのは、本質だけ頭で覚えるのではなく、その詳細（＝具体的な状況）を心で覚えることだ。「上司が判断しなかった案件は取引先に対する対応で、そのせいで取引先へのサービス提供が二ヶ月遅れ、担当のAさんには迷惑をかけた」。こうやって詳細を覚えておけば、本質もそれに紐づいて思い出すことができる。

文言だけをお題目のように覚えていても、それだけでは実際に使えないのだ。

②関心をもつ

人は、関心のないことを覚えられない。歳をとると記憶力が落ちるとよくいわれるが、これは脳科学的には間違いと立証されているようだ。年齢を重ねると、さまざまなことを経験する中で、目新しいことが少なくなっていく。目新しいという刺激がないから、いちいち覚えない。つまり、記憶力自体が落ちているのではなく、知的好奇心が薄くなっているだけなのだ。

子どもは知的好奇心が旺盛だ。だからどんなことでもどんどん覚えていく。大人でも、趣味や得意なことなら、ただ好きだというだけで、いくらでも覚えられる。

だから、あえて関心をもとうとする意識が大事なのだ。関心をもって覚えたものは、心で覚えることができる。

③感情の起伏を大切にする

人間は感情の生き物である。嬉しかったことや悲しかったことは、かなり詳細なことまで覚えているものだ。

関心と同じで、年齢を重ねると感情の起伏が少なくなる。そのほうがストレスがないからだろう。すべてのことに一喜一憂していたら疲れてしまう、と考えてしまう。

感情の起伏が少なくなると、心で覚えることができない。最近腹を抱えて笑ったことがない人、ここ数年泣いたことがない人は小説でもいい、映画でもいい。意識して感情が揺さぶられる経験をしてみてはどうだろうか。

04 「ないものねだり」をしない

何かに取り組もうとするとき、いまあるものに目を向けずに「ないものねだり」をしていると、なかなか前に進まない。

たとえば、組織や業務のプロセスを改善しようとするとき、「まずは現状分析してみないと、どこを改善すべきかわからない」というのは、もっともらしく聞こえるが、結局のところ言い訳にすぎないことが多い。

確かに現状分析は大切だが、分析をしている間にも、時間やお金はどんどん費やされていく。「分析をしているうちに会社がつぶれました」では笑い話にもならない。分析は分析で進めるべきだが、いまある状況の中で「何かできることはないか」を考えなければ、準備ばかりしていて一向に前に進まないということになりかねない。

個人のキャリアアップでも同じようなことがある。

「自分の収入が低いのは、英語ができないからだ」もしくは「会計知識が必要だ」と、そのたびに本を買ってきたり、学校に通ったりする人が多い。新しいスキルや知識を身につけるのは悪いことではないが、これも一種の「ないものねだり」といえる。

よく考えてみれば、いまの自分と同じ環境で、自分よりも多くの成果を上げている人がいるはずだ。その人は自分と比べて何か特別なスキルをもっているかというと、案外そうでもなかったりする。

となると、いまの自分に足りないのは「新たなスキルや知識」ではなく、「いま置かれている環境で成果を上げる工夫をすること」なのだ。

「ないものねだり」は一見、積極的に見える。自分にはないスキルを得ようとしたり、現状を分析したりする姿は、ポジティブに映るし、〝がんばっている感〟を味わうことができる。

しかし、それは見方を変えれば、「現状に対する言い訳」かもしれない。財布の中身をみて「もっとお金があればなあ」と言って宝くじ売り場に並ぶのとあまり変わらない。

知的運用能力の高い人、すなわち「素アタマ」のいい人は「ないものねだり」をしない。いまの状況や、いまもっている資源を活用してできることは何かから出発して、きっちり成果を出すのだ。

新しいことに取り組むことが悪いわけではない。ないものばかりを見て、現状の言い訳に使うのがいけないのだ。

「ないものねだり」に陥らないようにするためには、取り組みの順序が大切だ。新しい取り組みをするのは、いまあるものを活用してからでも遅くはない。

「いまある資産を活かす」には、以下のようなアプローチで考えてみるといい。

①いま自分が置かれている状況でできる工夫を探す

いま自分が置かれている状況で、いまできる工夫はないかを探す。小さなことでもいい。たとえば、売上が上がらないという状況があるのであれば、一日に訪問する件数を一件増やすだけでもいいのだ。

行動を変えれば、結果が変わる。結果をみて、また工夫を重ねればいい。

②いま自分がもっているスキルを活かす方法を考える

ふつうに仕事をしていれば、何かしら知識や経験が身についているはずだ。それを活かす方法がないかを考える。同じ職場で、同じ状況にいるのに、自分より成果を出している人はいないか。いれば、その人と自分では何が違うのかを観察する。

ポイントは、成果を出す人のプロセス、つまり「仕事の仕方」にある。いったい、どのタイミングで、何をしているのか。そのプロセスを自分のものにするのだ。

③いまの自分をより活かすものを手に入れる

スキルや知識を得ようとするなら、それまで自分が触れたことのない、まったく新しい分野に手を出すのではなく、いま自分が携わっている仕事で使えるもの、いま自分がもっているスキルをさらに活かすことができるものにする。つまり、相乗効果が狙える分野に取り組むといい。

国内企業の経理をしている人が英会話学校に行っても、それを活かす道はあまりないだろう。しかし、税金について学べば、仕事の幅を広げることができる。

05 知識を身につけながら実践を積む

本を読み、勉強して知識を身につけることは重要だ。しかし、知識だけで仕事ができるわけではない。知識だけで仕事ができるのであれば、学者がもっとも優秀なビジネスパーソンになるが、現実はそうではない。「わかる」と「できる」は違うのだ。

どんなスポーツも、そのスポーツがうまくなるための本が存在するが、本を読み理論だけを学んで一流になったスポーツ選手は存在しない。これは、料理でも音楽でも、何でも同じ。……こんな当たり前のことを知っていながら、不思議なことに、ビジネスでは知識があれば仕事ができると勘違いしている人が多い。

では知識は仕事上、何のために必要なのか。それは進みたい方向に進むためだ。

車を想像してほしい。車は左側と右側のタイヤが同時に動くから、進みたい方向に進めるのだ。右側が動かず左側のタイヤだけ動けば、右回転しかしない車になる。知識は、車の片輪。ではもう一方の片輪は何かというと、実際に仕事をするという実践だ。

つまり、ただがんばって仕事をしているだけでは、自分が思った方向に行けるわけではない。ただ膨大な知識を身につけただけでも、自分が思った方向に行けるわけではない。知識と実践の両輪がそろってはじめて、自分が思った方向に運転することができるのだ。


たまに、ものすごい知識をもっている人がいる。話を聞いていると、ものごとをよく知っているだけでなく、非常に良い考えを聞かせてくれる。聞いているこちらが、自分のレベルの低さに、恥ずかしくなってしまうくらいだ。

しかし、こうした人の全員が全員、成果を出しているかといったら、そういうこともない。もちろん知識があるぶん、実践するときには有利には違いない。しかし、知識が成果にそのまま結びつくわけではないのだ。

知識がありすぎると、どうなるか。多くの場合、「牛刀で鶏を割く」ような状況になる。論理は確かに通っているのだけど、論理が壮大すぎて問題解決の手段として効率が悪い方法を選択してしまう。また、知識や理論を前面に出すと、周りが動いてくれずに、まさに「絵に描いた餅」で終わってしまうことが多い。

英語がいくらできても、新しい海外ビジネスを思いつくわけではないし、外国人とうまく交渉できるわけでもない。いくら法律を勉強しても、仕事上、法律に関する問題が出てこなければ使いようもない。

知識を身につけることは大事だが、知識だけで仕事ができるわけではないことを理解していただいたうえで、ではどうすれば仕事ができるようになるのか、二点挙げておく。

①直観や経験を磨く

仕事に必要なのは知識だけではない。他の重要な要素として、直観と経験が必要だ。いくら理論立てて考えても、最終的には直観が正しいことも多い。しかし、知識を身につけ、勉強すればするほど直観は鈍る。なぜなら、直観とは理論と反対に位置するものだからだ。直観を磨くためには、知識を身につけながらも知識にとらわれすぎないことが大事なのだ。

人が本当に学べるのは経験からだ。より多くの経験をすることで、知的運用能力を磨き、仕事ができる人になってゆくのだ。

②やったことがないことをやる

望んでいない仕事をまわされると、露骨に嫌がる人がいる。希望していない部署に配属が決まると途端にモチベーションが落ち、「私はいままでやってきたことを活かしたい」などと言って会社を辞めようと考える人がいる。

しかし、「やったことがないことをやる」からいいのだ。やったことがあることばかりやっていて、人間は成長するだろうか。成功体験であろうと、失敗体験であろうと、どちらも貴重な経験に違いない。

心地良いところにいても成長はない。やったことがないことだからこそ、新しい経験ができるチャンスと思って、喜んで取り組んでみるべきなのだ。

06 ＫＫＤ（勘・経験・度胸）も重視する

体系的な知識と対比して、経験に頼った知識は「ＫＫＤ（勘・経験・度胸）」と表現される。「ＫＫＤに頼っていてはだめだ」という風潮がここのところ強い。そのような根拠のない、いい加減なものを頼りにするのではなく、きちんと体系だった方法論に基づいて、行動や判断をすべきだということだろう。

では、なぜ「ＫＫＤ」ではダメなのか。その理由をきちんと考えてみたことがあるだろうか。みんながそう言っているからという理由では、それこそ「ＫＫＤ」よりも頼りない判断だろう。

「勘」「経験」「度胸」のうち、基本となるのは「経験」だ。「勘」も「度胸」も経験から生まれるからだ。「経験」は、個人的なものにかぎられる。そして個人の経験には限りがある。視点も自分のものでしかない。さらに経験には、成功もあれば失敗もある。経験だけを頼りにしていると、同じ失敗を繰り返すことになる。つまり「個人という限定的なものに頼っていてはだめだ」ということだ。

しかし一方で、経験したことのない方法論を振りかざすことほど危険なこともない。その道の専門家といわれる人たちが知識を振りかざして大きな失敗をした例は、枚挙にいとまがない。有名な経営学者たちが実際に会社を経営すれば大成功するかといえば、決してそんなことはないはずだ。

経験がなぜ大事なのか

本当の生きた知識、つまり実際の問題を解決できる知識は、経験をしなければ手に入らない。その理由はいくつかある。

第一には、「経験していないと、事象と知識の紐づけができない」。

知識をもっていても経験がなければ、いま目の前で起きていることと知識をつなげて考えられない。「Aが起きたときはBすべし」という理論を知っていたとしても、実際に目の前で起きていることがAだと認識できなければ、知識を適用することはできないのだ。

次に、「経験していないと、何が大事なのかわからない」。

本に書かれていることをそのまま頭に入れたとしても、経験がなければ、それぞれの知識の重みがわからない。実際にその知識を運用するにあたって、どの知識がより現実で起こりやすいのか、どこに重みをおけばいいのかが、経験がなければわからないのだ。

最後に、「経験していないと、そこに書かれていないことがわからない」。

いくら本を読み知識を仕入れても、そこに現実に起こることのすべてが書かれているわけではない。書かれていないことは、自分で考えて解決するしかないが、しかし経験がなければ、「そこには何が書かれていないのか」がわからないのだ。知識だけを頼りにしていては身動きが取れなくなってしまう。

知識は「経験」があってこそ活きる。そして経験だけに頼る弊害は「知識」で補っていく。この相補関係があってはじめて、「知識」と「経験」が意味ある「経験知」となるのだ。

知識と経験を的確にはたらかせて成果に結びつけるためには、次の二点を意識しよう。

①経験と知識を紐づけする

何か経験をしたら、その経験はどのような意味をもつのかを、本で勉強したり、上司や年長者に聞くなどして、「知識」につなげる必要がある。先に書いたように、「経験」とは個人的なものでしかない。しかし、それを本に書かれていることや他人の経験と符合させることで、自分以外の人たちがどのように対処してきたのかを知ることができる。そうすることによって、経験からの学びを何倍にも増すことができるのだ。

②知識を学んだら、すぐに実践する

自分には経験のない「知識」を得たら、無理矢理にでも「実践する」場をもつことだ。たとえば、プロジェクトマネジメントの知識を得たら、実際に自分の仕事をプロジェクトと見立ててみるといい。可能であれば、実際のプロジェクトを経験できればいちばんいいだろう。

経験の伴わない知識は、いざ使おうと思っても役に立たない。どんなかたちでも実践の場をもつことだ。

07 問題は自分で作る

学校と会社の違いを考えたことがあるだろうか。勉強と仕事の違いを考えたことがあるだろうか。この二者の最大の違いは、「問題が与えられるかどうか」「その問題に答えがあるのか」の二つだ。

学校では、問題というのは与えられるものである。自分で問題を作って、自分で解くということはない。

会社では、誰も問題を出してくれない。自分で問題を探さなければならない。問題が与えられると思っているなら、それはかなり危険な勘違いだ。

やるべきことは与えられるかもしれない。しかし、そのやるべきタスクには、常に問題が内包されている。その問題を自分で探すのが仕事だ。タスクを完了するのに時間がかかるのであれば、そこにはどんな問題点があるのか。タスクを効率的にするには、非効率な問題がどこにあるのか。それらを特定することが仕事なのだ。

問題解決するためには、優れた解決方法を考え出すことが重要であると思われがちだが、実際は違う。問題を完璧に把握できれば、それはもう問題解決したのと同じだ。なぜなら、あとは方法論を考えればいいだけだから。問題を把握することが、実はいちばんむずかしく、そして、もっとも大事なことである。

そして学校で与えられる問題には、絶対に答えがある。答えがなければ点数をつけられないからだ。一方、仕事には答えがない。問題に対する正解などないのだ。

だから学生時代に成績が良いのは、問題の解法をパターン化し、そのパターンを数多く覚えている人だ。つまり暗記が得意な人が基本的に優秀とされる。しかし、仕事はほとんどパターン化できない。いくらパターンを知っていても問題解決できない。

では、どうすれば解決方法を考え出せるのかというと、自分で考えるしかない。しかも、自分で考えついたものは、仮説でしかない。その仮説を実行し、検証し、仮説と齟齬が生まれれば修正していかなければならない。どこまでいっても正解はない。仮説が繰り返されるだけ。

これら勉強と仕事の違いを理解できないと、つまり学生時代の考え方からのパラダイムチェンジができていないと、いくら学歴が高くても、仕事ができないという烙印を押される。

パラダイムチェンジができていないビジネスパーソンは、自分が知らないことを質問されると、「知らない」と答える。知らなければ、自分で考えて答えるのが当たり前だ。自分で考えるというのは、誰にとっても非常に苦しい。特に、「与えられた問題をパターンで解く」のが得意な学生時代を送ってきた人にとっては。だからこそ、考えるという行為にこそ、仕事では意味があり、付加価値が高いのだ。

脳ミソに汗をかく仕事は、先延ばしにしたくなる。脳ミソに汗をかいていると、頭を使わない仕事、すなわち「作業」をしたくなるものだ。ウンウン考えながら仕事をしているときに、メールがくれば嬉しくなる。メールの返信は、頭を使わない楽なタスクだからだ。しかし、作業と仕事は違う。いくら作業をこなしても、それで仕事をしたとはいえないのだ。

何かといえばすぐに、「何をすればいいんですか？」と聞いてくる人がいる。それはやる気があるようにみえて、実は仕事を避けて、作業に落としたがっている行動でしかない。作業をすれば仕事をしたと思っている人が多いが、考えていないものは仕事ではないのだ。「勉強はできるけれど、仕事ができない」という状態にならないためには、

①問題は自分で探す
②問題は自分で考える

という当たり前のことを愚直に続けることだ。受験参考書のように、どこかに決まった問題や答えがあるわけではないのだ。

高学歴だから優秀なビジネスパーソンというわけではない。勉強で結果を残したから、仕事で結果を残せるわけではない。仕事には「問題も答えもない」と気づくこと。この物の見方ができないと、いつまでも学生と変わらないままだ。

08 最高のベターを選択する

頭の回転が速い人は、仕事にベストな解は存在しないことを理解している。あるのは、「ベストな解」でなく、「最高のベター」なのだ。

「ベストな解がない」とは、仕事で百点満点がないということではない。あくまでも、「今の百点満点＝ベストな解ではない」という意味だ。

なぜなら、仕事には必ず制約条件がある。制約条件とは、仕事によって違うが、たとえば、「時間（納期）」「投入できる人数」「投下できる資金」といったことだ。

つまり、このようなことである。

・受注できそうだが、対応できる人員がいない
・上司から資料の作成を頼まれたが、提出まで時間がない
・売上を伸ばすため広告を出稿するが、予算が限られている

しかも、現実には制約条件が複数あることが普通だ。逆にいえば、制約条件がない仕事などはあり得ないといっていい。にもかかわらず、多くのビジネスパーソンは、制約条件が課されるだけでパニックになって仕事に漏れが発生したり、不都合なことを情報共有しなくなったりして、さらなるトラブルを招くことが多い。

そもそも仕事には「制約条件はあって当たり前」と理解するだけで、冷静に対応できるものだし、無駄な愚痴はなくなるものだ。

「最高のベターを選ぶ」とは、仕事上取り得る選択肢を並べてみて、その中で最高の選択肢を選択する、という状況を指している。もちろん、それぞれの選択肢には一長一短がある。

では、仕事には制約条件があると理解したうえで、「最高のベター」を選択するには、どうすればいいのだろうか?

それは、「制約条件に順序づけする」ことだ。

お客様から、「一週間後までに商品を一個一万円で、物流倉庫に一〇〇個納品してほしい」と言われたが、自社に商品の在庫が二〇個しかなく、今から仕入先に八〇個を発注しなければならない状況で、お客様の要望には応えられないとする。このような場面で大事なのは、要望にすべて応えることではなく、制約条件の順序（プライオリティ）を相手方に確認することだ。

①期限　一週間後であることは絶対なのか？
②金額　在庫がある二〇個だけ一万円で買ってもらい、残り八〇個は、ワンランク上の商品を二万円で買ってもらうことはできないのか？
③個数　本当に一〇〇個必要なのか？　二〇個をとりあえず買ってもらうとしたら、あといくつ必要なのか？
④場所　納品場所が物流倉庫である必要があるのか？　他の場所なら納期が早くなるとしたら、どこであればいいのか？

ここでは四つの制約条件があったが、これらの中で優先すべき順序が明確にさえなれば、

「最高のベター」を選択することはそれほどむずかしいことではない。①から順番に優先順位が高いのであれば、次のように交渉すればいい。

「それでは、一週間以内に弊社にある二〇個をいったん納品させていただきます。残りの商品は、ご要望どおり一万円で販売させていただきますが、本当に必要な数についてはあとで教えてください。また御社の物流倉庫は遠方にあるため、納品に時間がかかります。納品場所は本社とさせてください」

これですべての問題が解決したわけではない。しかし、今の仕事にベストな解がないのだから、仕方がない。すべての要望に応えようとすれば、この仕事を断らざるを得なかったはずだ。これは「妥協」ではない。あくまでも「ベストな解がない」と理解したうえでの、積極的な「最高のベター」の模索なのだ。

頭の回転が速い人は、制約条件があっても動揺することなく、最高のベターを見つけることができるのである。

基礎を鍛錬する

TRAINING

千日の稽古をもって鍛となし、
万日の稽古をもって錬となす。

——宮本武蔵『五輪書』

09 型や基本を重視する

スポーツでは基礎が大事だという。基礎ができていないと、応用が身につかないからだ。しかし仕事の基礎は、誰も明確に示してはくれない。

基礎を鍛錬せずに結果を残そうと思っても無理がある。まずは型や基本を重視することを実践すべきだ。それこそが本当の応用力を身につける方法なのだから。


物事に通じていく段階は、よく「守破離」と表現される。まえがきでも書いたように、もとは茶道の世界で言われ始めた言葉だが、武道でもよく使われる。

「守」とは、師の教えを守り、それをしっかりと身につけることを指す。「破」は「ひらく」という意味で、つまり、「守」が極まることで境地が「ひらける」ことを「破」と表現している。その後、「離」で、本質を得て形にとらわれない境地に至る。

ここで大切なことは、「守が極まって破の境地になる」ということ。つまり、「破」という別の段階があるわけではなく、愚直に「守」をするうちに「破」の境地がひらけてくるということだ。言いかえれば「応用などない」ということになる。受験参考書などで「基本編」「応用編」と別々に用意されているため、「基本」と「応用」が別個のものであるかのように思いがちだが、そうではない。「基本」を徹底することで「応用」に至るのであって、「応用」とは道筋にすぎない。

成果を出している人を見ていると、応用力が高く見える。だから自分も応用力をつけようと考えて、基本をおろそかにしてしまいがちだ。しかし、スポーツでも武道でも、早く先に進みたがる人は上達しない。いっときは上手になったように見えても、すぐにメッキがはがれる。基本ができていないからだ。

一方で、基本の鍛錬に愚直に取り組む人は、まるで一滴一滴溜めていた水がコップに満ちて、やがてあふれ出すように、あるときから飛躍的な成長を見せる。これが「破」なのだ。

これはビジネスについても同じことがいえる。ビジネスがうまくいっていないときは、どうしても基本以外のところに答えを求めがちだ。マーケティングがうまくいってないとか、もっと広告を打って顧客の開拓をしなければならないなど、枝葉末節にとらわれてしまったり、もしくは本業がだめなら、新規事業を立ち上げようとしたりする。しかし、基本がおろそかになっている状態でいくら新しいことに取り組んでも、うまくいかない。

ある料理人に聞いた話だ。彼は二年前に、現在の勤務先のホテルに移った。彼が移ってから、ホテルの宿泊客は倍になったそうだ。理由を尋ねると、「自分が行く前はクレームの嵐だった」と言う。「料理が時間どおりにこない」「天ぷらが揚げたてじゃない」「汁ものが冷めている」など、ホテルとして基本的なことができていなかったところに「温かいものは温かいうちに」「お待たせしないで出す」という基本を忠実に守ったことで、宿泊客は倍になったのだ。

ものごとに取り組むときには、「できることは『守』しかなく、『破』と『離』は結果にすぎない」ということを常に意識しておかなければならない。では、「守」に取り組むためには、具体的にどのように取り組めばいいのか。

①原典にあたる

どんな分野にも「型」がある。そして「型」を学ぶためには原典にあたることだ。たとえばＩＴスキルを身につけたければ、基本情報技術者試験が原典となる。プロジェクトマネジメントであれば、ＰＭＢＯＫ（Project Management Body of Knowledge：米国プロジェクトマネジメント協会がまとめたプロジェクトマネジメントの知識体系）にあたることで「型」を手に入れることができるだろう。ドラッカーも多くの人に読まれるようになったが、ドラッカーの解説本を読んでも、ドラッカーを理解することはできない。読むならドラッカー本人の著作を読むほうがわかりやすいし、本質に触れることができる。

②自分の仕事の基本について考える

先のホテルの例でいえば、基本とは「おいしい料理を、時間どおりに出す」ということ。自分が携わる分野における「基本」とは何かを考えることが必要だ。

このとき、仕事は常に「お客様のためにやっている」ということを認識すること。お客様が何を求めているのかを徹底的に考えること。ビジネスの基本は常に「お客様」にあるのだ。

③徹底して基本に取り組む

徹底して基本に取り組むうちに必ず「気づき」が生まれる。「こうすれば別のことにも使えるのでは」「こういうやり方をすれば、もっとうまくできるのでは」という発見があるのだ。この段階に至れば「破」といえる。はじめから、「もっとうまくやってやる」と色気を出すのでなく、基本に忠実に取り組むことで生まれる「気づき」こそが本物の知恵となるのだ。

10 背景知識から学ぶ

原典にあたることの重要さを先に書いた。しかし、何かを学ぼうとする際に、いきなり専門書や業界誌などを丹念に読もうとしても、途中で挫折してしまう。背景知識がないからだ。

いまから学ぶのだから、背景知識などなくて当たり前だと思われるかもしれない。確かにそうなのだが、これこそが学びの最大の障壁となる。

たとえば、大学一年生が経済の勉強をしようと思って、いきなり日経新聞を買ってきて読もうとしても、何が書いてあるのかチンプンカンプンだろう。そこに書かれていることで、何が大事で、何が大事ではないのかがわからないのだ。そもそも書いてある言葉がわからなければ理解することはできない。

技術的なことを学ぶときも同じだ。入門的な本を読めば、「こうすれば、こうなる」という結果だけはわかる。たとえば、ネットワークについて学ぼうとすれば、プロトコルにはどんなものがあって、どのようにつながっているのか、インターネットの仕組みはどうなっているのかなどは、本屋に行けば、山のように入門書が並んでいる。しかし、ここに書かれている知識は「結果」の知識でしかない。「結果」から学ぼうとしてもなかなか頭には入ってこない。

人間の頭はそもそも「知らないことは認識しない」ようになっているのだ。しかし、知るためには学ばなければならないというジレンマがある。それを解消するために、まずは背景知識を手に入れることが必要となる。

三つのアプローチを紹介しておこう。

①ボキャブラリから入る

新しいことを学ぶときにつまずきやすいのが、「書いてある言葉がわからない」ということだ。本を読んでも、知らない単語が出てくるたびに引っかかり、なかなか前に進めない。であれば、先にボキャブラリを知っておけばいい。

経済なら経済、技術なら技術の用語集を手に入れて、まずは「見たことがある」というレベルまでもっていく。そうすれば、本を読んでも、「見たことがある」「なんとなくわかる」状態になるから、それほど引っかからずに読み進めることができるはずだ。ボキャブラリから先に入ることで、学びのハードルを下げることができるのである。

②歴史から入る

ドラッカーは「技術は歴史から学べ」と言っている。これはどんな分野にも当てはまる。すべての知識は、何かを解決しようとして生まれてきたものだ。新たな知識は、新たな問題を生み出す。それを解決するために、また新しい知識が生まれる。その繰り返しの「結果」がいまの最新の知識になっているのだ。その「結果」だけを切り取って、スナップショットだけを見ても、それまでの経緯を知らなければ理解できない。

何か新しい分野に取り組むときは、「歴史」から学ぶのが近道だ。経済史、技術史など、探せば文献はある。少し遠回りに見えるかもしれないが、歴史を知ることで、その知識の「意味」や「位置づけ」を知ることができる。断片だけで学ぶより、はるかに効率よく頭の中に入ってくるはずだ。

③文化から入る

これは②にもつながるが、「知識」には、それを生み出した「文化」というものがある。文化を理解しなければ、わからないことがたくさんあるのだ。たとえば、英語を学ぼうとしたら、英語圏の文化を学ばなければ、いくら英語がわかっても、書いてあることはなかなか理解できない。

ＣＩＡなどの各国のインテリジェンス機関が異国で諜報活動をするときは、必ずその国の文化を知るために、その国の古典や原典を読むという。日本であれば「古事記」「日本書紀」がこれにあたる。その国の古典や原典には、その国民の行動原理、ロジックが書かれているからだ。

即席で仕入れた知識は、すぐに使えなくなってしまう。遠回りに見えても背景知識から入ることで応用の利く知識を手に入れることができる。

11 「なんとなく」を言葉にする

「うまく説明できないけれど、なんとなくそんな気がする」「感覚ではわかっているんだけど、うまく言葉にできない」ということは誰にでもある。ここで「なんとなく」を「なんとなく」のままで終わらせている人と、そうでない人では、後に大きな差がついていく。

「なんとなく」から抜け出すには、とにかく「言葉にする」ことだ。言葉にすることで、自分が考えていたことをより深く理解することができる。また、自分の考えが足りないこともわかる。

学んだことは、人に教えることで本当に身につけることができるといわれる。人と話をしている途中に「自分はそんなことを考えていたのか」と驚いた経験をもっている人も多いだろう。これは、自分の思考を言葉にして外にアウトプットすることで、客観視できるからだ。

できる人は、おしなべて言葉の表現が巧みだ。それは日ごろから自分の思考を言葉で表現する努力をしているからだ。言葉にすることで、自分の思考を客観視し、さらに思考を深める。よいサイクルができあがるのだ。思考が深まらないのは言葉にしないからだ。

言葉にする力は、思考の基礎体力といえる。なぜなら、人は言葉で思考するからだ。「なんとなく」は思考の手前で止まっている証拠だ。そこから一歩踏み出して言葉にすることで、頭が猛烈に動き始める。感覚を言語化することは、相当頭を酷使しなければできないことなのだ。

感覚だけに頼っているとそこには再現性がない。いつでもその感覚がはたらくとは限らないからだ。しかし、言葉にしてしまえば、それは見えるものになっているので再現が可能になる。

たとえば、ビジネス上で「このままだとトラブルになるな」と思ったとする。これは経験から導き出した直観といってもいい。直観というものは、存外当たるものだ。もちろん、直観はいつでも冴えているわけではない。しかし、直観で理解したことを言葉にする努力をすることで、それは再現性のあるものになる。

うまく言葉にならないのは、生まれた思いや考えを、言葉に変換する回路が弱いからだ。この回路は、普段から鍛えれば機能するようになる。具体的には、以下のような行動習慣をつけるといい。

①人に話す

「いま自分は何を考えているのだろう」「何を感じているんだろう」「それはつまりどういうことだろう」など、自分が考えていることを人に聞いてもらうのは、とてもいい方法だ。最初はうまく説明できないかもしれない。それでも、できるだけ人に話す機会を増やすことだ。続けていれば、必ず言葉にする力は養われてくる。

②考えを文章化する

さらに言葉にする回路を磨くには、考えを文章にまとめてみることだ。書き言葉は話し言葉よりもさらに抽象度が高い。構造化しないと文章にはならない。考えを整理しなければ文章にはならないのだ。

はじめは思いつくままに箇条書きにするのでもいい。それを論理立てて説明できるようになれば、言葉にする力は相当ついているはずだ。

③日記をつける

一日を振り返って、その日に起きたことや感じたこと、考えたことを日記につけるのは、言葉にする力の訓練にはもってこいだ。このとき、書くことが「感想」レベルにとどまっていては意味がない。「何が起きたのか」「それはなぜ起きたのか」「次はどうすべきか」など、感情だけではなく、理由や根拠、自分の分析などについて、毎日少しずつでも文章を書き続けることで、「なんとなく」を言葉にすることが億劫でなくなってくる。

12　頭に求めるパラメータを増やす

車の運転がどんどんうまくなっていく人と、いつまでたっても運転が苦手な人がいる。同じように仕事でも、日々生産性が上がっていく人、どんどん成果を出す人と、いつまでたっても進歩しない人がいる。この違いはどこから来るのだろうか？

これは、「頭に求めるパラメータの数」を増やしているかどうかの違いだ。

パラメータとは、「結果やプロセスに影響を与える変数」のこと。車の運転であれば、「車幅感覚」「ブレーキの踏み方」「ブレーキを踏む回数」「停車時のスムーズさ」「縦列駐車の正確さ」など、運転技術を高めるためのさまざまなパラメータがある。

車の運転がどんどん上手になる人は、車に乗るたびにこれらのパラメータを増やして運転している。一つのパラメータが無意識のうちにうまくできるようになったら、さらにパラメータを増やすというサイクルを繰り返している。たとえば、まずは車幅感覚に慣れることを意識し、そのうちに、車幅感覚は意識しないでも運転できるようになる。そうすると次はブレーキの踏み方に集中する……というように。こうやって運転技術は高まっていく。

一方、いつまでたっても運転がうまくならない人は、運転するときに何にも意識せずに毎回同じように運転を繰り返してしまう。だからパラメータが増えていかないのだ。

パラメータが一つならば、脳はその条件を満たすようにはたらけばいいので、比較的負荷が低い状態で動作することが可能となる。「車幅感覚」しか制約がないのであれば、「車幅感覚」にだけ気をつけているような状態である。しかしこれでは、全体としての運転技術は向上しない。

あらゆる技術に通じるためには、同時にいくつもの「パラメータ」を満たさなければならない。頭に求めるパラメータを増やす必要があるのだ。

仕事においても同じことが言える。

たとえば、プレゼンの資料を作るとする。ボリュームは二〇枚くらいのスライドだと設定したとしよう。この仕事で求められる最初のパラメータは、「締め切りまでに」「時間どおりに」という、「時間」のパラメータだ。

与えられた時間が二〇時間だとすると、一〇時間で作成することを目標に設定。一〇時間はバッファ、もしくはブラッシュアップの時間とする。これで「時間」パラメータが設定できた。

最初は「時間」パラメータだけで精一杯かもしれないが、慣れてくると頭の負荷が下がってきて、あまり意識しないでもできるようになる。この次にパラメータを増やすことで、頭の負荷を上げなければ進歩はない。

二つめのパラメータとして、「論理性」を設定することにする。ロジックに矛盾がなく、プレゼンを聞く側がより納得感を受ける資料作りを目指す。

さらに三つめのパラメータとして「意外性」を入れてみよう。時間に制限をかけながら、かつ論理性の高いものにしなければならないうえに、「意外性」まで演出しなければならない。

プレゼンにかぎらず、あらゆる仕事は精度を高めようと思えば、いくらでもパラメータを増やすことができる。

このようにパラメータを増やしていくことで、頭に負荷をかけることができ、頭の回転を速くすることができる。ここではプレゼンの資料を例に説明したが、頭に求めるパラメータを増やすことで、そのほかの分野の能力も向上する。それが、知識や技術の運用能力、すなわち「素アタマ」の性能があがるということなのだ。

いきなり三つ、四つとパラメータを設定しても、頭がパニックになるだけだ。はじめは一つからでもいい。何事も一足飛びにはうまくならない。一つひとつ、プロセスを楽しみながら取り組めばいい。

13　ツールに頼らずにアイデアを出す

アイデアマンはよく頭の回転が速いと言われる。誰も考えつかないようなアイデアをパパッといくつも思いつくのだから、確かにアイデアマンは、ビジネスで付加価値が高い。それではアイデアマンは、世の中にあふれているアイデア発想ツールに頼っているのだろうか？

優れたアイデアマンが、マンダラチャートやKJ法などの、アイデア発想ツールを使っているとは到底思えない。AKB48をはじめ、数々のヒット作を生み出している秋元康氏が、机のうえでツールを使っているだろうか。また、良いアイデアがアイデア発想ツールによって生まれたという話も聞いたことがない。

ここで勘違いしてほしくないのは、アイデアを生み出すためのツールがすべて意味がないと言っているのではない。アイデアを生み出すのに、ツールに頼る問題点は二つある。

第一に、「このツールさえあれば良いアイデアが生み出せる！」と思っているその態度や姿勢が問題だ。ツールというのは、使えば使うほど、実はアイデアから外れていく。なぜなら、アイデアとは思いつくものであって、ロジカルに考えれば生まれてくるというものではないからだ。

良いアイデアが生み出せる絶対的なツールなど存在しないし、そんなツールがあるだろうと考える態度や姿勢が、アイデアが出てくるのを阻害してしまう。

第二に、そもそも「ツールは、アイデアを生み出すもの」という考えが間違っている。ツールでアイデアが出るなら、誰でも同じ良いアイデアが出せるはずだ。

ツールはアイデアを出すためにあるのではなく、頭の中を耕すためにある。つまり、既成概念で凝り固まった頭の中をいったんぐちゃぐちゃにし、その後にアイデアが生まれやすい素地を作っているのだ。

では、ツールに頼らないでアイデアを出すためには、何をすればいいのだろうか。

①インプットを欠かさない

ゼロに何を掛けてもゼロだ。アイデアも同じで、インプットもろくにないのにアイデアが生まれるはずはない。アイデアを生み出すための材料（知識）は絶対に必要だ。アイデアを思いつかないと言っている人の多くは、単にインプットが不足しているだけなのだ。

②いつもと違うことをする

同じ知識を、いつも同じ角度で見ていても新たな発想は生まれない。アイデアを生み出すためには、違うものを、違う角度から見る必要がある。

本屋ではいつもは行かないコーナーをのぞいてみる。たとえば、いつもビジネス書売り場ばかり見ているのであれば、たまに建築や物理学など、自分に馴染みのない分野の棚を眺めると、新たな発想が湧きやすい。

また、わざと通勤経路を変えてみたり、いつも乗っている車両を変えたりするだけでも、新たな発見があり、アイデアが出やすくなる。

③詰めて詰めて、緩める

「ひらめき三上《さんじょう》」という言葉をご存じだろうか？　これは中国の言葉で、ひらめきが生まれる場所は「馬上（移動中の馬の上）・枕上《ちんじょう》（寝ている時）・厠上《しじょう》（厠の中）」という意味だ。「馬上」は現代でいえば、電車やタクシーの中だろう。

つまりひらめきとは、机の上でウンウン考えて生まれるものではなく、気が緩んでいる状態で生まれるということだ。

ただ気を緩めるだけでは意味がない。考えて考えて、思考を詰めて詰めて……。それを緩めた瞬間に思いつくのがアイデアなのだ。

14　経験をメタ化する

「一道は万芸に通ず」。これは宮本武蔵の言葉だ。

彼は生涯一度も負けることなく、まさに剣豪というにふさわしい人物だったが、その名声は剣だけのものではない。宮本武蔵は書画にも通じ、また文才にも秀でた人物だった。彼の残した書画は国の重要文化財に指定され、いまも残されている。また彼の著した『五輪の書』は、いまも世界中で読まれる名著となっている。

また世阿弥も同じように「一芸は万芸に通ず」という言葉を残している。

これらの言葉の意味は、「一つの道を極めていけば、他の道を理解する力がついてくるものだ」ということだ。確かにある道を極めた人は、多芸の人が多くいる。白隠禅師など、禅を極めた人は書画に通じ、すばらしい作品を残している。

しかし、一方で「専門バカ」という表現がある。一つの分野についてはすばらしいが、他のことだとからきしダメで、常識はずれだったりする人のことを指す。このように一芸に通じながら、万芸に通じる人物に成長する人と、専門バカになってしまう人とでは、何が違うのだろうか。

それは「メタ化できるかどうか」の違いだ。

「メタ」とは、「超～」「高次の～」という意味。つまり、対象の背景や高次の情報、より抽象度の高い情報を「メタ～」と表現するのだ。言いかえれば、その「対象を生み出す、より高次なもの」を指す。「メタ知識」であれば「知識を生み出す知識」、「メタデータ」であれば「データを生み出すデータ」。たとえば「太郎さん」だとすれば、メタ情報として「男性」「日本人」「人間」などが挙げられる。「太郎さん」という具体的な対象に関して、より抽象度を上げた情報がメタ情報である。

一つの分野に関して理解を深めながら、人は日々、具体的な学びを蓄積していく。

たとえば料理人の世界であれば、段取りの仕方、仕込みの仕方、料理を出す間などがそれにあたる。

「料理は前の料理を食べ終わるか終わらないかぐらいのタイミングで出す」

「そのタイミングでちょうど良い温度になるように段取りを組む」

こうした具体的な学びが、

「顧客がもっとも心地良いと感じるタイミングでサービスする」

「顧客を起点として段取りを組む」

というメタ知識に変換されていく。

さらにメタ化すれば、

「同じ労力でもタイミングによって効果は倍にもなれば、ゼロにもなる」

「段取りは目的から考える」

という学びにもなる。

普段の仕事で目の当たりにするのは具体的な事象でしかない。具体的な事象をいくら蓄積しても、同じシチュエーションが起こらなければ適用することはできない。具体的な事象をメタ化することによって、あらゆる場面で使える知識となるのだ。

具体的な学びを「メタ化」することで、あらゆる分野に通用する「メタ知識」が手に入る。その分野の一流の人と話をすると含蓄のある話を聞くことができるのは、そのためなのだ。

メタ化のコツはリアルタイム性。目の前で起こっていることを、常に「これはどういう学びになるか」とリアルタイムに考えてみよう。でなければ、すぐに忘れてしまうもの。毎日目の前で起こる具体的な事象を抽象化して蓄積する。これを何年も続ければ、膨大な量のメタ知識が蓄積される。

問題に取り組む

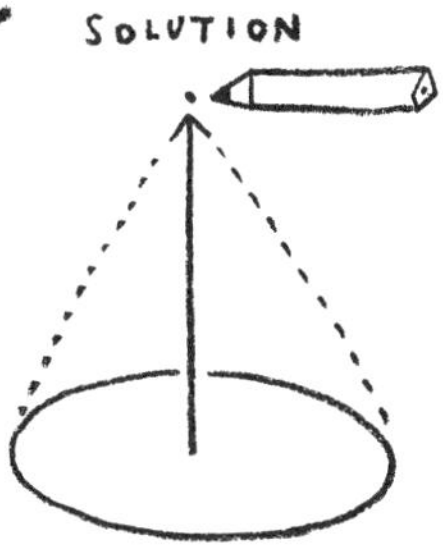

成果を上げることは一つの習慣である。
実践的な能力の積み重ねである。
実践的な能力が習得することが出来る。
それは単純である。
あきれるほどに単純である。
七歳の子供でも理解できる。

——P・F・ドラッカー『経営者の条件』

15 とにかくやり始める

締め切りも迫っていて、早く仕事を始めなければならないのに、なかなか気がのらない……よくある話である。「やろう、やろう」と思っているうちに時間が過ぎ、間際になって「何をしていたんだ」「もっと早くやっておけば……」と後悔することになる。誰でも経験したことがあるのではないだろうか。

なぜ「やろう、やろう」と思っているのに、なかなか始められないのか。逆説的だが、それは「やろう、やろう」と思っているからだ。一度、「やろう、やろう」と考え始めると、そのループから逃れることはなかなかむずかしい。

まず知っておくべきは、「やる気がでないのは当たり前だ」ということだ。人間の脳の構造として、やる前からやる気が出るようにはなっていないのだ。

脳科学者の池谷裕二氏は、その著書『海馬　脳は疲れない』（新潮文庫）で、やる気を生み出す場所である側坐核は「刺激が与えられるとさらに活動してくれる」ため、「やる気がないなぁと思っても、実際にやり始めてみるしかない」と言っている。
また、十九世紀のスイスの哲学者、カール・ヒルティも『幸福論』(岩波文庫)でこう書いている。「まず何よりも肝心なのは、思い切ってやり始めること」で、始めさえすれば「それでもう事柄はずっと容易になっている」。

つまり、「やり始めることで『やる気』が出る」のであって、やり始める前にやる気がないのは当然なのだ。

また、「やり始める」前には、とやかく考える時間をつくらないことが大切だ。「次は何をしようかな」などと考えているうちに興味は他に移ってしまい、結局仕事には手をつけられなくなってしまう。頭に考えるヒマを与えず、とにかく「やり始める」ための仕組みをつくってしまうことだ。
そのためには習慣、すなわち条件づけをうまく利用するということ、そして「準備をしない」ということだ。

具体的には、次のようなアプローチがある。

①習慣の力を利用する

頭に考えるヒマを与えないということは、ある条件が成立したら、すぐに始める習慣を身につけるということ。「やろう、やろう」と思う前に、条件が成立したら自動的に始めるのだ。

たとえば、朝起きるとすぐに、机に向かって仕事を始めるというのも一つの手だ。やるか、やらないかは考えない。仕事を始める前の準備もしない。とにかく、起きたらそのまま机に向かう。そうすると、頭のエンジンがかかってきて、「よしやるぞ」という気になってくる。

②場所と仕事を紐づけする

習慣の力を利用するということは、ある条件による反射行動を決めるということ。これは場所に対しても使える。たとえば、電車だ。電車の中では、漫然と雑誌を読んだり、携帯電話やスマートフォンをぼんやり眺めるのではなく、生産的な仕事の場所にするのだ。

もの書きを仕事にしている人の中では「電車は原稿を書く場所」と決めている人も意外と多い。ある程度の騒がしさと揺れが、いい心地で原稿を進めてくれるのだ。このように場所と仕事を紐づけてしまえば、やる気がなかったとしても、その場所に行きさえすれば、自動的にその仕事を始めることになる。

また、電車以外でも、行きつけのカフェや、会社なら会議室など、「この場所では、これをする」と決めておくことで、「何をしようか」と考えることなく、仕事を始めることができる。

③時間と仕事を紐づけする

場所と仕事を紐づけするのと同じ原理で、時間帯と仕事を紐づけすることもできる。午前中はこの仕事、午後はこの仕事というように、時間帯によってやる仕事の種類を決めておくのだ。

とにかく「頭に言い訳をさせない」ことが大事だ。

16 問題は根本解決する

スティーブン・コヴィーのベストセラー『7つの習慣』（キングベアー出版）に木こりのエピソードがある。

主人公は森の中でへとへとになっている木こりに出会う。木こりは五時間も木を切っているのに、まったく作業がはかどっていないと言う。そこで主人公は、

「ノコギリの刃を研いだらどうですか」

とアドバイスをするのだが、木こりはこう言い返す。

「刃を研いでいる暇なんてないさ。切るだけでせいいっぱいだ」

このエピソードは、これだけを読むとただの笑える話だが、実際には似たような話がよくある。

使っているパソコンの動きが非常に遅い。データはたまり続けているし、数年前のモデルなので性能も悪い。新しいものに買い替えれば作業効率がよくなることは確実だ。しかし、パソコンを新しくするとデータの移行も必要だし、設定をやり直すのも面倒だ。だから、作業効率が悪いことを認識しながらも、そのままパソコンを使い続けてしまう。

木こりの話と何が違うのだろうか。

目の前で起きていることは現象だ。現象が起こるには、その原因がある。しかし、現象が起こったとき、その現象を表面的に抑え込んだだけで問題を解決した気になり、その原因を追及しないでいる人が多い。これは問題の先送りでしかない。当然ながら、これでは問題は間違いなく再び起こる。繰り返し起こる問題に耐えかねたときに、はじめて原因究明しなければと、あわてて動き出すというわけだ。このように、表面的に現象を抑え込むことには、何ら意味がないのだ。

原因の追及を先送りにせず、つねに問題の根本と向き合う頭をつくるためには、次の二つの思考習慣を身につけるといい。

①計算してみる

パソコンの例では、パソコンを買い替えないと（つまり今のまま使い続けると）どれだけ作業効率が悪いのか、パソコンを買い替えることでどれだけ作業効率が良くなるのかを考えていないため、問題を先延ばしにするのだ。

たとえば、パソコンを買い替えることで作業効率が一日一時間よくなるとすると、一年間で約二五〇時間浮く計算になる。これは、約一ヶ月分の仕事時間だ。一ヶ月分の給料等を考えれば、今すぐパソコンを買い替えたほうがいいことに誰でも気づく。

今の作業効率が悪いと思いながらも、一気に作業変更することにリスクを感じるようなケースもある。このような場合は、今までの作業のやり方と、新しい作業のやり方を分けて考えることだ。双方の時間を比べてみて、作業効率がよいほうを選択すればいい。

このように計算してみれば、根本的な問題解決方法を選択しようと思うものだ。

②全体を考える

木こりの問題は、目の前のことにとらわれて、全体をとらえることができていないことだ。遠まわりのように思えても、いったん手を休め、全体のことを考える時間をとるほうが、結果的には良い結果になるものだ。

そうはいっても日々仕事をしていると、目の前に今すぐやらなければならないタスクが山積みで、全体を考える時間なんてないと反論したくなるかもしれない。そこでおすすめなのは、定期的に（月一回など）全体を考える時間を確保することだ。

今やっていることが本当に正しいのか、問いなおす時間を強制的に確保すれば、普段はできない根本原因の解決をするものだ。

17 時間の制約をかける

締切りに追われていたり、人との約束があったりすると、いつもよりもすばやく仕事を終わらせることができたという経験は、多くの人がもっているだろう。逆に残業のときのように「終わりの時間が明確に設定されていない」と、ついダラダラと仕事をしてしまい、結局あまり進まなかったということもあるはずだ。

つまり「時間の制約」があるときほど、頭の回転は速くなるのである。

しかし、締切りや約束があるときだけ頭の回転が良くなるのでは、本当に「仕事ができる人」とはいえないだろう。一時的にではなく、頭の回転数の初期値を上げる必要があるのだ。また、あまり制約をかけすぎると、逆に思考停止に陥ってしまうことにもなりかねない。

仕事ができる人を見ていると、うまく「時間の制約」を利用していることがわかる。ただ時間を設定すればいいというわけではないのだ。ポイントは三つある。

①「速く、かつ正確に」を意識する

学生時代、重要なテストや入試でケアレスミスをして悔しい思いをしたことはないだろうか。普段なら簡単に解ける問題なのに、本番になると間違えてしまう。

緊張もあるかもしれないが、それだけではない。つまり、普段の勉強のときは時間の制約がないため、「正しく」解くことにばかり意識が向き、「速く」解くことが二の次になってしまう。しかし実際の試験では時間が限られているために「速く」解くことが求められ、いつもと勝手が違って間違うのだ。

日ごろから「速く、かつ正確に」問題を解くことを意識することで、本番でも日ごろと同じように問題と接することができるようになる。

ビジネスの場面では常にスピードが求められる。一瞬で判断をくださなければならない場面も少なくない。このとき、限られた時間内で正しい判断をするためには、日ごろから判断をすばやくする習慣をつけておかなければならない。時間があるからと判断を保留し

たり、調べることに時間をかけたりしていては、いざというときに判断ができなくなってしまう。

いつでも正しい判断をするためには、常に「急ぎ」モードでいることだ。急な判断を求められる状態を「デフォルト（当たり前）」にしてしまうのだ。そうすることで、頭はそれが普通の速度だと思うようになる。

②負荷をかけすぎない

あまりにタイトな時間設定をすると、作業品質や思考品質が下がることがある。最初からあきらめてしまったり、必要なプロセスを省いてしまったりと、ミスを犯しやすくなるのだ。

ポイントは「できるかできないか、五割の確率」よりも少しだけゆるい設定にすることだ。成功の可能性が五割だと、失敗の可能性も五割だ。失敗が増えるとそれに慣れて、できなければそれでもいいと考えるようになり、効果が薄れてしまう。

③徐々に負荷を上げていく

人間の能力はすごいもので、同じスピードだとそれに慣れてしまう。最初は一時間で終わらせるのに必死だったことも、慣れてくると当たり前のようにできてしまう。慣れてしまうと頭の動きもにぶってしまう。

これを最初は一時間でしていたことを、次は五五分で、その次は五〇分でと、スピードを上げていく、つまり頭への負荷を上げていくのだ。そうすれば頭の回転も速くなっていく。

18 目的と手段を区別する

「目的と手段をはき違えるな」と言われることは多い。しかし、目的と手段を明確に見分けるのは、簡単なようでなかなかむずかしい。

ソフトウェアの世界には「要求と仕様」という考え方がある。「要求」とは「～がしたい」という利用者のニーズやウォンツを指す。「仕様」とは、その要求をどのような方法で実現するのかということだ。

世の中にある製品やサービスにはすべて背景に「要求」がある。私たちが普段目にしているものは「要求」を満たすための手段＝「仕様」にすぎない。その背景にある「要求」が何かを考えることは大切だ。

たとえば、「明日までに資料を作っておいてくれ」と上司から頼まれたとする。このとき「何時までですか？」と最初に聞くのではなく、上司の「要求」を知ることが大切だ。上司はその資料を何に「使いたい」のか、誰かを「説得したい」のか、それとも形式的に「資料を用意したい」だけなのか。それがわからなければ、本来の「要求」を満たすことはできない。

とすれば、上司の「要求」を知るための問いが思い浮かぶはずである。


「資料は誰に見せるのですか？」

「資料はどのように使われるのですか？」

「資料は手元で見てもらうものですか？　プロジェクタに投影しますか？」

しかし、多くの人は、

「資料にはどのような情報が必要ですか？」

「どんなフォーマットがいいですか？」

「何ページぐらい用意すればいいですか？」

と具体的な指示（Ｈｏｗ）を求めてしまう。これは「要求」を知る前に、いきなり「仕様」を聞いているのと同じ。それでは目的を知ることはできない。

要求を知ることなく、指示された「仕様」だけを満たすことがクセになると、指示されたことしかできないビジネスパーソンになってしまう。目的から手段を生み出すことができなくなってしまうのだ。

行動する前に、次の二点について留意してほしい。

①指示の背景にある「要求」を考えて始める

要求を知れと言っても、上司から指示をされるたびに「何のためですか？」「何に使いますか？」と訊ねるわけにもいかない。その場合は、「この指示の背景にある要求はなんだろう」と自分なりに考えてみることだ。

要求を知らないまま、形だけを満たそうとすれば、必ず「手戻り」が発生する。資料の作成を命じられて、何度も差し戻しされている人がいるが、これは「要求」を考えないで、「仕様」だけを試行錯誤しながら満たそうとしているからだ。

②「要求」を過不足なく満たすようにする

要求をとらえないで、やみくもに動くと、必要以上のつくり込みをしてしまう。いわゆる「オーバースペック」だ。上司は「詳細は口頭で補足するので、ポイントだけ整理したものを用意したい」と思っているのに、確認せずに作ってしまえば、背景や詳細な説明までを含んだ「過剰な」資料ができあがってしまう。大切なことは、「要求を過不足なく満たす」ようにすることだ。ビジネスでは効率が求められる。必要以上のつくり込みはムダでしかない。要求を少しだけ上回るようにするのがポイントだ。

「要求」を知ることは、「相手のニーズやウォンツをつかんで、もっとも効率のいい方法で実現する」ことを可能にする。「この仕事の要求は何か」を考える練習をしておくことで、精度はどんどん高まっていくはずだ。

19 問題を課題にする

「問題解決」とよくいわれるが、実は、問題を問題のまま解決することはできない。問題は課題に落とし込んではじめて解決することができる。では、「問題」と「課題」の違いは何だろうか。

「問題」とは、簡単にいえば「困っていること」であり、何とかしたい状況を表している。たとえば「売上が下がって困っている」という場合、これは「問題」だ。一方、「課題」は「取り組むべき事柄」ということができる。売上が下がっていることに対して「客単価を上げなければならない」のなら、これは「課題」である。つまり、問題は「起こっている現象や状況」を指しているのに対し、課題は具体的に解決しなければならない「取り組み」を指している。問題が受動的なのに対し、課題は能動的な意味合いをもっているのだ。

問題を問題のままとらえていては、解決することはできない。なぜなら問題とは、「取り組めるもの」ではないからだ。問題の原因を究明し、具体的な「課題」に落とし込んでこそ、行動が可能となるのだ。

問題が起こってあたふたしてしまうのは、問題を問題のままにしていて、課題が見えていないからだ。取り組みようがなければ、気ばかり焦ってしまうのも無理はない。実行可能な課題にすることで、やるべきことが見え、落ち着いて対処ができる。

問題を課題にするには、二つの方法がある。

①問題を因数分解する

「今期の予算（目標）に対して、売上が一千万円不足している」という「問題」があったとする。この問題を「課題」に落とし込むには、問題を因数分解してみることが有効だ。

売上という要素を因数分解してみると、

売上＝（新規顧客数＋既存顧客数）×顧客単価

のように分けることができる。こうすれば、目標に対して売上が足りないという問題を解決するためには、「新規顧客数を増やす」「既存顧客数を増やす」「顧客単価を上げる」の三つの課題に取り組めばいいことがわかる。

このうち、より成果の望める「課題」から手をつければいい。たとえば、これまで既存顧客への営業ばかりしていて新規顧客開拓をおろそかにしていたのであれば、「新規顧客の増加」に取り組めば、より期待ができるかもしれない。問題という大きなカタマリで見ていると、とても解決できないと思うようなことでも、小さく分解し「課題」にしてやることで、解決の糸口を探ることができるのだ。

②テーマを決めて取り組む

たとえば「ゴルフがうまくなりたい」という「問題」があったとしよう。ただ単に、「ゴルフがうまくなりたい」からと、がむしゃらにゴルフの練習に明け暮れたところで、ゴルフがうまくなるだろうか。おそらくうまくならないか、うまくなったとしても膨大な時間がかかってしまうだろう。それは「問題」に取り組もうとしているからだ。

何度も言うように、問題はそのままでは解決できない。「ゴルフがうまくなりたい」という問題を解決するためには、テーマをもって取り組まなければならない。「正しいクラブの握り方を習得する」「正しいアドレス（構え）にする」「スイングプレーンを安定させる」など、練習するにもテーマをもたなければならない。これが「課題」なのだ。

何か目指すものがあるときは、テーマを決めて取り組むことだ。そうすることで、ゴールまでのプロセスの質を飛躍的に高めることができる。

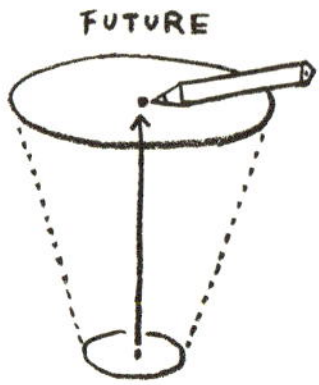

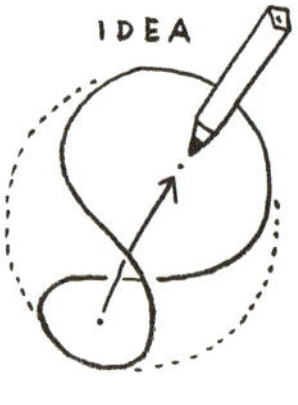

破

先を読む

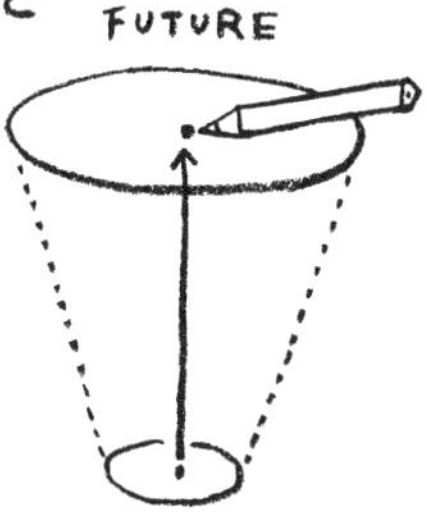

「時代の先を読む眼」とは、
表面的な出来事を見ることではなく、
水面下で起きている
さまざまな事象を注視すること。

——**羽生善治『大局観』**

20 少し先を想像する

「破」とは「守」を愚直に続けていくことでそれが身についてくる、「ひらける」境地のことを指す。

ビジネスにおける「破」は、教えられたこと、学んだことを実践するようになる段階だ。ビジネスの現場ではさまざまなことが起こる。学んだとおりにいかず、トラブルに見舞われることもある。そんな現場で、われわれはどのようなことに気をつけるべきか。このステージでは、実践の場における考え方の「型」についてお伝えしていく。

●

●

仕事をしていると、目の前のタスクに没頭しがちだ。しかし、目の前のタスクをこなすことだけを考えると、結果的に仕事はうまくいかないことが多い。いま目の前のタスクも、その少し先を考えてみることで、仕事の効率が上がり、質を高めることができる。

駅の改札を目の前にして、「定期入れが見当たらない……」という経験は誰もがあるはず。

このようなとき、改札機の前で立ちつくして定期入れを探してしまったことはないだろうか。

なぜ私たちは人の迷惑を考えずに、改札機の前で立ちつくしてしまうのだろう。

それは、改札機の前で立ち止まると後ろの人に迷惑をかけてしまう、という考えがその場でできないからだ。ほんの少し先を考えていれば、こういう行動はとらないはず。「自分が改札機の前で立ち止まれば、後ろの人が改札を通る妨げになる」という、少し先だ。

仕事もまったく同じ。いまの仕事に没頭すればするほど、少し先を考えられなくなる。

これは危険な思考回路だ。

なにも難しいことではない。少し先を考えるとは、たとえばこんなこと――

「明日提案に行く会社は？」→こういう資料をもっていったほうがいいな

「見込み客への認知率がずっと高まらないな」↓今のうちにプロモーションしておかないと

「取引先は勘違いしないだろうか？」↓今のうちにメールだけはしておこう

「部下はちゃんと言ったとおりできるかな？」↓こう伝えればこう動いてくれるだろう

少し先を考えるからこそ、うまくいく確率が上がるし、トラブルになる確率が下がる。

「いま目の前のタスクに全力投球するから仕事がうまくいく」というわけでは決してない。

もちろんすべて読み切るなんてできない。想定外のことだって起こる。それはそれで仕方のないことだと割り切って考えるしかない。

問題なのは、常に行き当たりばったりの人に限って、トラブルへの対応能力が低いことである。これは至極当たり前のことで、先を考えていないから、トラブルが起こったとき、目の前の現象にふり回されてしまう。当然、対応が場当たり的になってしまい、トラブルの連鎖が続いていく。

将棋のように「何手先まで読む」なんてことは求められていない。目の前にある仕事ではなく、少し向こうにある仕事を見るようにするだけだ。

少し先を考えながら仕事をするためには、どうすればいいだろうか。

①考えるべき未来の時期を決める

職種や職格によって、考えるべき未来の時期は違う。営業職なら目標（ノルマ）・評価の時期があるだろうし、社長であれば数年先を見据えなければならない。

しかし、どんな職種や職格であったとしても、何週間後・何ヶ月・何年先をみて仕事をするのかを決めておくべきだ。三ヶ月先をみて仕事をすると決めておけば、今のタスクだけを考えるのではなく、三ヶ月後のためにできることを行動するはずだ。

②常に逆算でタスクを決める

考えるべき時期が決まれば、そこから逆算してタスクを決めることができる。今の仕事の積み上げが将来の成果につながると考えてはならない。成果とはあくまでも、今から逆算し、それに基づいて行動したところにしかないのだ。

21 「起こるとしたら何が起こるか」を考える

頭の回転の速い人は、何か問題が起きた際にすばやく判断を下し、すぐに対策を打つように見える。とても自分はあんなに速く考えることはできないと思うかもしれない。しかし、これは何か起きたその場での頭の回転よりも、日ごろ何を考えているかのほうが大きい。

いざ何かが起きたときに次の行動までの動きが素早い人は、日ごろから「この先、何が起こるか」を考えている。つまり「リスク」を見ているのだ。リスクとは「起こるか、起こらないかわからないこと」。どんなに小さな可能性であっても、可能性であるうちはリスクと考える。

これに対して、リスクが顕在化し、問題として発生してしまったものは「課題」という。そしてリスク管理とは、リスクが可能性であるうちに、「起きないようにするにはどうすればいいか」「起きたらどのように対処するか」を考えておくことだ。日ごろからリスクについて考えているからこそ、リスクが課題となったときにすばやく動くことができるのだ。

問題が起きたときに、すばやく対応し収束できる人と、起きてしまった問題に反応するばかりで右往左往してしまう人に分かれるのはなぜか。それはリスクのとらえ方に問題がある。

問題にすばやく動けない人は、このリスクを「この先、何か起こる可能性があるか」を考える。可能性があるか否かを考えれば、「わからない」という答えしかでない。「起こるか起こらないか」に焦点を当ててしまえば、答えは出ないのだ。わからないものに対処のしようがない。「起こったらそのとき考えよう」となってしまうのだ。

これに対し、問題が発生した際にすばやく動ける人は、「起こるとしたら、何が起こるか」を考える。この問いの焦点は「起こるか起こらないか」ではなく、「起こる可能性のある事象」に当たっているところがポイントだ。つまり、「何かが起こる」前提で考えているのだ。

極端に言えば、「起こるか起こらないか」は問題ではない。問題は「起こったとしたらどうなるか」であり、大切なのはリスクが起こる確率の高さと、それが問題になったときの影響の大きさなのだ。

リスクに対処するためには、次のアクションが必要となる。

①「この先、起こるとしたら何が起こるか」を考える

将来的に起こる可能性のあることをリストアップする。リストアップの段階では、「起こるか起こらないか」は考えない。可能性のあることを思いつく限りリストアップする。リストアップができたらはじめて、起こる確率と、起こったときの影響度で、重みづけをすればいい。

②「起こる可能性を軽減できるか」を考える

それぞれのリスクには、リスク要因がある。たとえば「プロジェクトが遅れる」というリスクの背景には、「メンバーが休む」「要件が増える」「生産性が想定より出ない」などがあるだろう。これを「リスク要因」という。リスクが発生しないように、リスク要因にはたらきかけることができるかを考えて、事前に対策を打つことが大切だ。

③「起こったらどうするか」を考える

最後が「もし起こったらどうするか」の対策を考えることだ。ここで考えなければならないのは、「どうやって被害を最小限にするか」だ。影響度の大きいリスクであれば、複数の手立てをあらかじめ考えておく。いくら先に考えても、想定外のことは起こるかもしれない。しかし、あらかじめシミュレーションしておくことで、臨機応変に動くこともできるのだ。問題が発生してから考えても、あわてるだけで、対応がどうしても後手に回ってしまう。

22 フィードバックだけではなく、フィードフォワードする

何度も同じことを繰り返す人と、一度失敗したことは決して繰り返さない人がいる。これは同じ経験をしても、そこからの学習の量や質が異なるためだ。

知識の運用能力が高い、すなわち「素アタマ」のいい人は、経験から得る学びの量と質が違う。この違いは何から生まれるのだろうか。

結果に対して行動を変えることをフィードバック制御という。これに対して、フィードバックされた結果から、先に起こることを予想して行動するのが、フィードフォワード制御だ。できる人は、このフィードフォワード制御に長けている。

ボウリングを例にとれば、「狙ったところよりも右にずれたから、次は少し左を狙って投げる」というのがフィードバック制御であるのに対し、「右にずれたのはボウルをリリースするときに腕が曲がっていたからだというように原因を分析し、次は腕をまっすぐに

してリリースしてみる」というのがフィードフォワード制御だ。

たとえば、プロジェクト管理をしていて、進捗遅れの報告を受けたとする。このとき、「人員を投入しよう」とか「残業でリカバリしてくれ」という指示をするのは、フィードバック制御にあたる。これに対して、遅れた原因を分析して、作業ボリュームが計画よりも多かったのなら、この先の作業も増えるはずだと考えて計画を修正するのがフィードフォワード制御だ。

フィードバックが受動的であるのに対し、フィードフォワード制御は能動的なはたらきだ。フィードバック制御だけだと、どうしても変化に振りまわされてしまう。ことが起これば反応するというやり方だからだ。フィードバックももちろん必要だが、これだけでは足りない。フィードフォワードすることにより、状況に振りまわされるのではなく、状況をつくり出すことが可能になるのだ。

フィードバックが「過去への対応」であるのに対し、フィードフォワードは「未来の創造」といえる。

具体的には、次のようなステップを踏むといい。

①フィードバックを分析する

フィードフォワードするには、フィードバックを分析しなければならない。フィードバックがあってはじめてフィードフォワードが可能になるからだ。先ほどの例でいえば、「プロジェクトが遅れた」というフィードバックがまずあり、その原因が「作業ボリューム」にあるのか、それとも「生産性」にあるのかを分析しなければならない。

②フィードバックから得られた分析結果を未来に当てはめる

次に、フィードバックから得られたことを、未来に当てはめたときにどうなるのかを考える。

遅れの原因が「生産性」にあるのであれば、それはいまだけのことなのか、次のプロセスでも同じことが起こるかを予測するのだ。「作業ボリューム」が原因なのであれば、この先の作業も増えるはずだと考えることができる。その予測を計画に反映すれば、未来への対応ができたことになる。

③行動論理を修正する

フィードバックも、フィードフォワードも、どちらも何か起きたことに対する対応であることに変わりはない。今度はその問題や状況が起こらないように、自分の行動論理を修正しなければならない。

先ほどからの例でいえば、「遅れが発生しないような状況をつくる」ことが必要だ。時間見積りの根拠を変えなければならないかもしれないし、人への割り当て量を変えなければならないかもしれない。フィードバックも、フィードフォワードも一時のことにしないことだ。

フィードバックだけであれば、誰でもできる。そこでとどまらずにフォードフォワードまで踏み込むことで、学習の効果が高まり、状況に反応するのではなく、状況をつくり出すことができるのだ。

同じ経験量があったとしても、そこから得る学びは人によって大きく異なる。フィードフォワードすることで学びを最大化すれば、より成果に近づくことができる。

23 流出よりも、流入を防ぐ

仕事が速い人の仕事をよく見ていると、作業そのものが速いわけではないことに気がつく。一方で、作業そのものは速いのに、最終成果物ができあがるのは遅い人もいる。これは、「手戻り」があるかないかの違いが大きい。

手戻りが発生する原因の一つは「ミス」だ。ミスが起これば、それまでにかけた時間がムダになり、それを修正するための時間やコストが必要となるということだ。このミスが多ければ、いくら作業スピードが速くても、結果を出すまでに時間がかかってしまう。

ミスの原因には、「流入原因」と「流出原因」の二つがある。流入原因とは、そのミスをつくり込んでしまった原因で、「流出原因」は、ミスをそのまま自分の後工程や、市場、顧客のところまで見つけられなかった原因を指す。

仕事が遅い人は、「流出」を防ごうとする。たとえば、「ダブルチェック」がそうだ。上司に報告する前に、二回チェックをしてから出すようにすれば、確かにミスを見つけることはできる。しかし、ミスを修正しなければならないことに変わりはない。

ミスを防ぐためのアプローチとしては、「流出」を防ぐよりも、「流入」を防ぐほうが安上がりである。ミスをつくり込んでしまえば、それを修正しなければならないために時間がかかってしまう。それに、つくり込んでしまったミスを、すべて見つけることは非常にむずかしい。

力を注ぐべきは、流入を防ぐこと、「ミスをつくり込まない」ことである。ミスをつくり込まなければ、見つける必要も、修正の必要もない。流入を防ぐのにコストはほとんどかからない。とりかかるまえ、とりかかっているときに、三つのポイントに注意すればいい。

①いま何をしているのかを意識する

家を出てからしばらくして「あれ、鍵を閉めただろうか？」と思った経験は誰にでもあるだろう。なぜ覚えていないのかというと、習慣で無意識にやっているからだ。仕事でも慣れてくると、無意識のうちに進めてしまうことがある。いうなれば、惰性でやってしまうのだ。ミスはそのときに入り込む。「いま自分は何をしているのか」を一つひとつ確認しながら、意識的に進めることだ。

②二度測って一度で切る

大工の世界には「二度測って、一度で切る」という言葉があるという。木は切ってしまえばもとには戻らない。だから、切る前に二回測って、慎重に切れということだ。これは仕事にとりかかる前にしっかり意図や目的を確認しなさい、ということにもつながってくる。

③「あとで見直そう」としない

資料や報告書をつくるときに、「まずはラフに作って、あとで見直そう」と考えて、あとで結局見直さなかったり、思っていたよりも見直しに時間がかかってしまうようなことがよくある。ここでいう「ラフにつくる」というのは言い訳にすぎない。「ラフにつくる」とは構成や、盛り込むべき情報を設計することであって、いい加減につくるということではない。一つひとつの手順の目的を、その都度やりきらなければ、あとで「やり直し」になってしまうのだ。

24 因果関係を考える

「仕事で結果が出ない」「トラブルが起こった」「やるべきことをすぐ忘れてしまう」……。これらはあくまで表面に現れた現象であり、結果である。言いかえれば、起こったことは結果でしかなく、その結果にはすべて原因があるのだ。頭の回転の速い人は、仕事の原因にはたらきかける。

仕事のタスクをいつも漏らす人がいる。確かに細かいタスクが数多くあると、タスクが漏れてしまうことはよくある。しかし、いつもタスクを漏らす人にかぎって、いつまでもタスクが漏れる。これは、タスクを漏らしたときに反省はするものの、タスクが漏れた原因が何かを特定せず、また、その改善方法を実行しないからだ。「反省しました。これからタスクを漏らしません」と言うだけでは成長がない。

因果関係を考える際にもっとも気をつけるべきは、直接的で表面的な原因は、本当の原因でないという事実だ。

顧客への提案書を作成したものの、精査をする時間がなく、顧客が求めるものではなかったため、受注できる仕事を失注してしまった。本来であれば、提案書を作成した後、いったん社内で精査する時間を確保しレビューしていれば、防げた問題だろう。しかし、今回はレビューをしなかった（できなかった）。

さて、この問題（結果）の原因は何だろうか。ここで「直接的で表面的な原因」は、「提案書を作成する際にレビューしなかったこと」だ。しかし、これが本当の原因だろうか。では、なぜ今回はレビューができなかったのか。それは、レビューをする時間がとれなかったからだ。

では、なぜレビューをする時間がとれなかったのか。計画段階でレビューをする時間を確保していなかったのか。突発的な仕事が入り、そちらに時間をとられてレビューできなかったのか。提案書の作成者とレビューする人を分けていなかったのか。レビューすべき人をアサインできなかったのか。

「今回はレビューをしなくて失敗したので、次回以降はレビューをします」では、本当の意味での原因の特定になってはいない。これではまた同じ(レビューをしなかったという)失敗を繰り返すだろう。

本当の原因を特定するには、「なぜを五回繰り返す」ことが有効だ。もとはトヨタの生産現場で生まれたこの手法は、直接的で表面的な原因ではなく、本当の原因を探ることができる。


「顧客が求める提案書を作ることができなかった」

↓なぜ?「提案書を作成した後に、社内でレビューをしなかったから」

↓なぜ?「提案期日の三日前に提案書を作るつもりだったが、急なタスクが入り時間が確保できなかった」

↓なぜ?「急なタスクは上司に依頼されたもので、提案書作成より優先すべきだと考えたから」

↓なぜ?「提案期日を優先すべきだと判断したから」

↓なぜ?「依頼されたタスクが提案期日より先だったから」

このように「なぜ」を繰り返すことで、今回の失敗原因を特定することができる。

このケースでは、「レビューを計画に織り込む」「タスクごとに重要度と緊急度の優先順位を社内で確認する」ことで、同じ失敗を防ぐことができる。

結果が起こる原因を特定するという因果関係を考える際には、それぞれ二つの軸で考える必要がある。

①原因を作り出すのか、原因をなくすのか

問題が起こった場合は、原因を追及し、その原因を消すことで、問題という結果をなくすことができる。逆に、よい原因を作り出せば、よい結果を作り出すこともできる。

今期の目標として、売上一億円が必要だとする。ここで、「売上一億円」という表層（目標）を見ても意味がない。なぜなら、目標をいくら眺めても、結果が出てくれるわけではないからだ。大切なのは、一億円の売上を作るための「原因を作る」ことだ。

売上一億円を達成するために、客数を増やさなければならないのか、客単価を上げなければならないのか、商品数を増やさなければならないのか。原因を作らなければ結果は出ない。

②過去の追及と未来の予測

「なぜ」を繰り返すと、「過去を追及」することができる。過去を追及することで、本当の原因を特定し、再発防止することできるのだ。

これと合わせて考えなければならないのが、「未来の予測」である。原因があったということは、すでに顕在化した結果以外にも、将来違う結果が起こる可能性があるということだ。

先ほどの提案書の例に戻ると、急なタスクが入り、レビューする時間がなかったということは、他のアウトプットの質も低い可能性が高い。顧客への提案書の質だけは改善されたが、他のタスクの質が低いままでは、いずれ別の問題として顕在化する。

過去を見るだけではなく、将来を予測するためにも、因果関係を考える必要があるのだ。

作戦を立てる

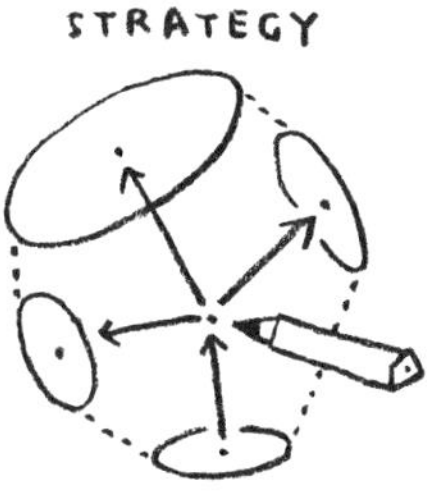

算多きは勝ち、算少なきは勝たず。
而るに況や算なきに於いてをや。

――孫子

25 アウトプットを優先する

作戦を立ててから実行する。しかし作戦が間違っていたら、実行した結果も間違いになる。「インプットしてからアウトプットする」。もっとも間違った作戦だ。仕事ではアウトプットを優先する。この作戦こそが、インプットをする最善の方法なのだ。

「こんな勉強をして将来の役に立つのかと考え始めたら、勉強のモチベーションが保てなくなった」。よく聞く言葉である。あるいは、「グローバル時代だから英語を勉強しなければならない」と一念発起し英語の勉強を始めたのはいいが、これもまた続かない……。よくよく考えてみれば当たり前で、本当に必要かどうかも自分の中で明確になっていないのに、モチベーションなど保てるわけがない。

逆に、海外への転勤が決まれば、誰でも必死になって英語を勉強する。英語ができなければ、仕事どころか日常生活もままならないのであれば、英語を勉強するしかないからだ。

「必要は発明の母」と言われるが、インプットも同じで、必要がなければインプットもできないし、インプットしても身につかない。いつか使うだろうと思って身につくスキルなどないのである。

「人と話していて、自分が言ったことに自分で感心する」という経験はないだろうか。「我ながらいいこと言うな」と思う瞬間だ。これは、アウトプット（話すという行為）しながら、頭の中が整理されるという事実を表している典型例だ。

これも、自分が話している以上、すでにインプット（話すネタ）があるから、アウトプット（話す）することができたことには違いない。しかし、自分が意識していないインプットが、アウトプットしたときに、きれいに整理されて出てくる。

インプットとは、きれいに整理されて頭の中に入っているわけではない。だから、「こんな場面で、こんなアウトプットをするためにインプットしよう」と考えるには、かなり無理がある。それより、アウトプットを続けていれば、自然にインプットが寄ってくる。そして、そのインプットが整理されてアウトプットとして出てくるのだ。

頭でっかちな人は、「大量にインプットをすれば、良いアウトプットができる」と思いがちだ。しかし、「わかった」と「わかったつもり」は違う。さらにいえば、「わかる」と「できる」は決定的に違う。

インプットを理解し、実際にアウトプットに使えるようにするためには、次の二つを習慣にするといい。

①外に出す

常にアウトプットする習慣が、インプットを強化する。アウトプットとは、具体的に、「書く」「伝える」「対話する」の三種類が考えられる。

自分の考えをブログなどに書くことは、自分が意識しないインプットをアウトプットに引きずり出す良い機会だ。

また、自らの考えを人に伝える場を意識的に設けることが大事だ。「後輩に教える」「提案などのシミュレーションをする」など、普段はあまりなくても、意識的に人に伝える場を作れば、アウトプットしながら、インプットを整理することができる。

「伝える」ことは、相手に対する一方的な行為だが、「対話」は双方向な行為だ。対話することで、相手の意見を聞きながら、自分のインプットを掘り下げることができる。

②すぐに使う

インプットはアウトプットのためにある。インプットした瞬間に、それをアウトプットしなければ身につかない。

人から聞いた話でも、本で読んだ知識でも、それらをアウトプットし続けていると、自分が発見したかのように思えてくる。引用先を忘れるくらいアウトプットができれば、それは自分で「使える」ようになった証拠だ。

26 期限は延ばさない

当初の計画どおり仕事が進まない。だから期限を延ばしてもらう。よく聞く話だ。しかし、期限を延ばしてもらっても、なぜかその余裕があったはずの期限ですら、ギリギリになってしまう、最悪の場合、さらに期限を延ばしてもらうことになることのほうが多いはず。……思いあたるフシはないだろうか？

上司・先輩から質問されて即答（できないのではなく）しない人が多い。「今後の方向性をどう考えてるの？」「……」「おいおい、考えてないのかよ？」「いえ、そんなことはありません！」「じゃあ答えろよ！！」

こんな人は、頭の中で考えがまとまったら話そうと思っているのだろうが、これではビジネスパーソンとして不合格だ。お客様や取引先に質問されても、「頭の中が整理できたら答えます」とでも言うのだろうか。

私たちは、長い時間考えれば良い答えが出ると考えがちである。しかし、良いアウトプットと、そのアウトプットまでに費やす時間には相関関係があるのだろうか。

「アイデアを練る」という言葉があるとおり、より良いアウトプットを生むためには、ただの思いつきではダメで、ブラッシュアップが必要になる。しかし単純に「費やした時間が多ければ優れたアウトプットができる」という比例の関係ではないことは確かだ。

そもそも、「仕事ができるようになる」とは、どういう状態を指すのだろうか。

ひとつの大きな基準として、「時間あたりのアウトプットが増えたかどうか」が挙げられる。以前と比べて、同じ時間でアウトプットの量が増えた、もしくは質が上がった、という状態になれば、それは仕事ができるようになったといえるのだ。

では、どうすれば時間あたりのアウトプットが増えるようになるのか。それは、仕事に時間制限をかけ続けることだ。期限のない仕事は存在しない。期限が長い仕事は人を成長させない。時間制限がある中でアウトプットを求められるからこそ、頭をフル回転させなければならない。これを当たり前に続けることで、飛躍的にアウトプットの量と質が上がるのだ。

だからこそ、当初の期限を守れないような状況でも、あえて期限を延ばさず、無理やりでも期限を守ることによって成長していくのだ。

仕事に時間的制約をかけ、頭の回転を速くするためには、どうすればいいだろう。

①極端に短い時間でやってみる

上司・先輩の質問には、すべて即答する。いつも一時間かかっている仕事を一〇分でやってみる。極端に短い時間を設定すると、その時間でやるための方法が出てくるはずだ。

今まで質問に即答できなかったのは、頭の中で整理できていなかったためだとすれば、いつ質問されても回答できるように、仕事の進捗ごとにまとめを作ればいい。月次の社内資料を作るのにいつも一時間かかっているのであれば、フォーマット化する、他のデータと連結させるなど、一〇分でできる方法を本気で考えることだ。

時間あたりの生産性が高まる方法は、時間的制約をあえてかけ続けることによって実現することができる。

②できるスケジュールを組まない

仕事のスケジュールを組むときに、誰でも余裕をもって組みたいものだ。突発的な仕事が入ってくるかもしれないし、メンバーが病気などで休む可能性だってある。だから通常組む「できるスケジュール」とは、「余裕があるスケジュール」になるのだ。

「できるスケジュール」ではなく、かなり無理のあるスケジュールをあえて組むことで、常に頭に負荷をかけることができる。

27 クリティカルなものだけに気をつける

「その仕事で、これだけは間違ったらダメ」というクリティカルなポイントがある。仕事ができる人は、いくつかミスをしても、そのポイントだけはミスしないからこそ優秀なのだ。

お客様や取引先に請求書を出す場合のクリティカルなポイントは、「請求金額」。これだけはどんなことがあっても、間違ったらダメ。請求金額を間違えた瞬間に、相手の信用をなくすことになる。また、請求金額を間違うと、それが判明したとき、過入金・不足金をあとで精算するという手間が発生する。しかし請求書の送付先を誤っても、これはクリティカルではない。なぜなら、請求書を再発行するなり、時間がないのであれば郵送ではなく持参するなりすればカバーできるからだ。

日程調整でクリティカルなのは、日付を間違えることだ。たとえば「一五日木曜日の午後一時に渋谷でお願いします」というメールがきたとしよう。このとき、そもそも一五日が木曜日でなかったら、一五日が正解なのか、木曜日が正解なのかわからない。ただこれだけで、また確認のメールを双方でしなければならない。また、そのまま「一五日」か「木曜日」を誤認されてしまえば、相手と会えなくなる。

しかし場所を間違えても、これはクリティカルではない。なぜなら、双方時間さえ確保できていれば、待合わせ場所がそれほど遠くない限り、移動すれば会うことができるからだ。

仕事をするうえで大事なのは、「これだけは間違ってはならない」というポイントを考え、何がクリティカルかを考えながら対応することだ。

クリティカルなミスをしないためには、どのような点に気をつければいいだろうか。

①連絡はひとつの用件でひとつにする

ひとつのメールで、複数の用件を送ってくる人が多いが、これはクリティカルなミスを起こしやすい。三つの用件をまとめてメールで書き、そのうちのひとつが間違っていた場合、その他の二用件が間違っているか合っているかがわからなくなるからだ。また、残り二用件は合っていたとしても、間違った一用件についてメールのやり取りが始まると、他の合っている用件まで止まってしまう。

用件はひとつにし、違う用件がある場合は、あえてまた連絡することでクリティカルなミスを防ぐことができる。

②エビデンス（証拠）を残す

コミュニケーション手段はひとつではない。だからこそ、緊急度や重要度に合わせて連絡手段を変えなければならない。

日程調整をするときは、できるだけメールなどの、エビデンスが残る連絡手段をとるべきだ。なぜなら、日程を口頭で伝えると、どうしても「忘れる」「間違える」が発生する。また、口頭で伝えたことでも、これだけは誤認されたくないというポイントだけをメールすることだ。

③対外的なことと対内的なことを切り分ける

ミスはすべてなくすことがベストに違いない。しかし、これは現実的ではないことも確かだ。だからこそ、「やってもいいミス」と「絶対にしてはならないミス」に分けることが大事。

社内オペレーションなど、対内的なミスは「やってもいいミス」。対内的なミスであれば、面倒であっても取り返しがきく。しかし、対外的なミスは、「絶対にしてはならないミス」だ。お客様や取引先とのやり取りでミスをすると、それだけで信用を失い、どれだけの影響があるのか計りしれない。あえて許容できるミスを作ることで、クリティカルなミスを防ぐことに集中することができる。

28 解決策を複数用意する

問題を解決する方法を考えるとき、多くの人は、何かひとつ解決策を思いつくと、それに固執してしまう。出した答えにしがみついてしまうのだ。

たとえば、プロジェクトの進捗が遅れているとする。期限を延長することはできない。どうするか？

まず思いつくのは「人員の投入」だ。プロジェクトの途中からでも人を増やすことができれば、仕事は今まで以上に早く進み、期限に間に合わせることができるかもしれない。

しかし、ここが落とし穴になりやすい。ひとたび頭の中で「人員の投入」だと答えを出してしまうと、「何人必要なのか？」「どこから人をつれてくるべきか？」「コストはいくらかかるのか？」「どうやって上司を説得しようか？」など、「人員の投入」を前提にした思考がどんどん膨らんでしまう。本来は、「人員の投入」するという解決策が、期限に遅れそうだという問題に対して、どの程度機能するかをまず考えなければならないのだが、その思考過程を飛ばして、どのようにして「人員の投入」を実現するかを考えてしまうのだ。

「素アタマ」のいい人は、一つの解決策に固執しない。頭にラクをさせないのだ。一つめの解決策が出た時点で、「他にもあるはず」と考える。そして無理やりにでも「複数の解決策」を出すのだ。そうすると、

・本当に納期はずらせないのか？
・段階的に納品することはできないのか？
・人ではなく、何かツールで効率化が図れないか？
・プロジェクトの要件を減らすことはできないか？

など、いろいろと方法があることがわかる。

やってみるとわかるが、一度答えの出た問題に対して、「他にもないか？」と考えるのは、

非常に頭を使う作業だ。一度答えが出てしまうと、頭が安心してしまうのだ。そこで無理やり、他の解決策を考えてみる。すると頭への負荷が高まって、頭の回転が速くなっていくのがわかるはずだ。

ここでは「複数」の解決策を出すことに意味がある。「より良い」解決策を出すことにこだわる必要はない。まずは数を出すことに頭を使う。その解決策の質を問うのはあとでやればいい。

複数の解決策が出ると、比較することができる。人は比較することで、判断の質が上がる。一つしか解決策がないと、その解決策がはたして良いものなのかどうかが、判断しづらい。二つ以上の策があると、相対的に判断することができる。たったこれだけで判断の質が上がり、それと同時に解決策の質も上がるのだ。

また、複数の解決策を考えているうちに、それらを組み合わせて、より良い解決策になることがよくある。先ほどの例でいえば、「人員の投入」と「ツールの導入」の合わせ技が可能だ。

さらにいえば、新たな人員を投入することで、今までのプロジェクト内容・進捗情報を共有することがボトルネックになりそうだったものが、ツールを活用することで、簡単に共有できるのであれば、まさに合わせ技の効果が高い。「人員の投入」と「段階納品」をすることも可能だ。

複数の解決策を組み合わせることで、より解決の可能性を高めることができるのである。

29 段階的に詳細化する

ソフトウェア設計や、プロジェクトマネジメントのタスクの洗い出しをする際に、いきなり細かいことから考えることはできないため、「段階的詳細化」という手法をとる。「段階的詳細化」とは、より大きな単位で分解し、段階を踏んで、徐々に詳細にブレークダウンしていくことをいう。

いきなり細かいレベルから考えると、どうしてもモレが発生してしまう。段階的に詳細化していくことは、「集合で考える」ということにもつながる。同じカテゴリ、同じ特徴をもつ要素グループに分解することで、「他にないか」「モレはないか」を考えることができるのだ。

また、段階的詳細化をすると、モレをなくすだけではなく、「対象範囲を狭くして、一度に考える要素を少なくする」こともできる。人間の頭は一度にたくさんのことを考えるようにできていない。あれも、これもと考えないといけないとなると、行ったり来たりしているうちに、頭が疲れてしまい、深く考えることができなくなる。そのため、問題領域を狭くとることで、ひとつのことに集中して考えることができるようになるのだ。

思考が行き詰まったときは、いきなり細かいレベルで問題を考えていることが多い。まずは、問題を構成しているものを大きく分けて考えることで、解決策を導きやすくすることができる。

たとえば、プロジェクトの計画を立てるときに、いきなりタスクレベルで洗い出せば、モレが発生してしまう。そのため、「フェイズ」や「プロセス」といった大きな単位でまず分解し、それから日々のタスクを洗い出すのだ。

段階的詳細化は何も特別なものではない。どんな仕事にも使えるアプローチだ。普段の仕事のシーンでは、以下のような場面で使えるだろう。

①文章を書くときは「構成」から考える

文章を苦手としている人は、一文字目から順番に文章を書いていかなくてはならないと思い込んでいることが多い。しかし、いきなり書き始めても、なかなかまとまった文章にはならないものだ。文書を書くのが苦手な人は、文章の構成要素を知らないのだ。

文章のいちばん簡単な構成は、「結論」「サポート（結論を支える根拠や理由）」「結論」の三つで構成することだ。まず自分が言いたいこと（主張・要望）を「結論」として提示し、主張の理由や、背景を「サポート」として示す。そのうえで、「結論」をもう一度、具体的に述べればいいのだ。このときも、いきなり文章を書き始めるのではなく、それぞれのパートで言いたいことを箇条書きにしてから文章化すると、スムーズに文章を書くことができる。

②スケジュールはフェイズに分けてからブレークダウンする

スケジュールを立てる際も、いきなりタスクの洗い出しをするのではなく、まずは大きく「フェイズ」に分けると、イメージがつかみやすくなる。たとえば「構想フェイズ」「計画フェイズ」「実行フェイズ」のように分ける。そのうえで、「構想フェイズ」ではコンセプトを決めよう、対象の調査をしようとプロセス単位に分けていく。プロセスがわかれば、必要なタスクはおのずと見えてくる。

③問題が起きたときは、思いつくことをリストアップしてグルーピングする

何か問題が発生したときは、さまざまな問題がからみあっていることが多い。問題が数多く存在するときには、大きく分けるのは難しいかもしれない。

そんなときは、数多くある問題をグルーピングして、大きなカテゴリを見つけるのもひとつの方法だ。頭の中に思い浮かぶ問題を、思いつくままに書き出す。付箋にひとつずつ書き出すといいだろう。そうやってひととおり頭から外に出してから、それぞれをグルーピングする。これで問題を大きなカタマリでとらえられるようになる。そのあとは、すでに出した具体的な問題にとらわれず、カタマリ単位で思考を深めていけばいいのだ。

30 自分の考えをなぞらない

「人は自分に似たものに好感をもつ」とよくいわれる。これは対人関係だけではなく、思考の性質についても同じことが言える。

たとえば、本を読んだり、人の話を聞いたりしたときに、「なるほど」とうなずいているところは、実は「自分の考えと同じだ」ということが多い。

ためしに、本に線を引いた箇所や、人の話をメモしたものを見返してみるといい。そこに、自分とは違う考えや、まったく新しい学びがあっただろうか。おそらく、「自分もそう思っていた」「すでに知っていた」こと、つまり、自分が「賛成」したところが、ほとんどではないだろうか。学んでいるつもりでも、結局「自分は間違っていなかったんだ」と確認しているだけなのだ。

いくら自分と同じ考えをなぞっても、それでは学びにはならない。むしろ、固定観念が強まり、新しい考えを受け入れる余地を小さくしてしまう。大切なことは、「自分とは異なる」考えに触れることだ。

異質なものに触れることで、思考の幅を広げることができる。はじめはどうしても、違和感が伴うだろう。だからこそ、意識して異質なものを取り込むことが必要だ。

自分の考えをなぞらないようにするためには、以下の訓練が有効だ。

①「一理ある」と言ってみる

自分とは違う考え方に接したとき、「自分とは違う」と拒絶するのではなく、まずは「一理ある」と言ってみるといい。「違う」と最初に言ってしまえば、違いにばかりに目が向いてしまう。しかし、先に「一理ある」と口にすると、頭が「一理あるかもしれない」と思って、それがいったいどういうことなのかを考えはじめるのだ。

自分の考えに照らし合わせて「正しい、間違っている」を判断してばかりいても、得るものはない。それよりも、そこから何を学ぶことができるかが大切なのだ。

②違和感に注目する

本を読んだり、人の話を聞いたりするときは、「自分と同じ考え」を探すのではなく、「自分とは何がちがうのか」「自分はこの考えには賛成できないな」など、自分が違和感をおぼえたポイントに着目する。そして「もしかしたら、この考えにも一理あるかもしれない」と考えてみよう。そうしてみると、「意外に面白い考え方かもしれない」と思えてくることも多くあるはずだ。

③普段読まない分野の本を読む

自分の本棚を眺めてみると、同じような分野の本が並んでいないだろうか。似たような本ばかり読んでいては、考えの幅が広がらない。たまには、普段読まないような本を読んでみると新しい発見があるものだ。

書店に行って、いつもとは違う棚を眺めてみる。いつもビジネス書を読んでいるなら、生物や物理などの棚を眺めてみるのだ。男性なら、女性向けの書棚に行けば、普段、まったく接することのない本がそこに並んでいるだろう。そういった中から、ふと手に取った本を買って読んでみるのだ。違う背景をもつ人が書いた本には、自分とは違う考え方が書かれている。

はじめは読むのがつらいと感じるかもしれない。しかし、それを続けることで、「自分の考えをなぞる」クセを修正することができる。

31 質よりスピードを優先する

「スピードは遅いけど仕事はできる」ビジネスパーソンなんて存在しない。仕事ができるビジネスパーソンであるためには、仕事のスピードが速いことが必須条件だ。

仕事に質は関係ないといっているのではない。仕事の成果は、アウトプットの量と質で測ることができる。いくら大量のアウトプットを出しても、それらすべての質が低ければ成果としてみなすことはできない。つまり、アウトプットの質は最低限求められるものだ。

では、アウトプットの質を上げるためには何が必要なのだろうか。「量質転化」という言葉がある。「量を一定量積み重ねることによって、質的変化が生じる」という意味合いだ。量が先で質が後。「量が質を凌駕する」ともいえる。

仕事で、質よりスピードを優先させると、どんないいことがあるのだろう。

まず、「キャパシティが上がる」ことが挙げられる。

ビジネスパーソンにおける成長のドライバーとは何か。それは「仕事のスピードを上げること」なのだ。今まで一日かかっていたものを半日でやる。仕事のスピードが上がれば、その分できる仕事の量と種類を増やすことができる。仕事の量と種類が増えれば、それだけ経験できる仕事が増えるのだから、さらに経験値を上げて、仕事のアウトプットが量的にも質的にも増える。

結局のところ、仕事のスピードを上げることで、自らのキャパシティを増やすことができ、それが成長につながるのだ。

次に、「質を上げる時間を確保できる」ことだ。タスクをこなしながら、その質を上げようとする人が多いが、それは効率が悪い。同じタスクをするのであれば、期限より早くそのタスクをいったん終了させてしまうことだ。余った時間で、タスクの質を上げることに専念したほうがタスクの質を上げることが可能になる。

また、タスクをあえて七～八割程度にしておき、上司や部署のメンバーに方向性の確認などをすることも、アウトプットの質を上げる有効な手段だ。自分では完璧だと思っても、求められているものでなければまったく意味がない。

質を上げるためには、あえて質を上げる時間を確保することが重要なのだ。

また、「逸失利益を最小限にできる」ことも、仕事のスピードを速くすることのメリットのひとつだ。つまり、「速くやっていればもっと利益が出た」「競合会社に先を越された」といった事態を避けるということ。スピードが遅いということは、それだけで逸失利益が生じていると考えなければならない。

では、仕事のスピードを上げるためにするべきことは何だろうか。

① 時間を計る

漫然と仕事をするのではなく、ひとつのタスクをするにも時間を計ることだ。毎回タスクを終了させるまでの時間を計っておけば、仕事が速くなったのかどうか、定量的に把握することができる。また、遅くなったのであれば、何が悪いのかを具体的に考えることが可能だ。

②楽する方法を考える

「どうすれば仕事が楽になるのか」を考えることは、仕事をサボっているようで罪悪感をおぼえがちだが、実は大事なことである。「自分が楽になるためにどうすればいいのか」。こう発想すると、人は必死に考える。

資料などは、以前使用したものを整理しておけば、再利用できるし、周りの人が使用した資料を普段からシェアしてもらっておけば、それだけでフォーマットが増える。

また、「あったらいいな」と思うツールを探してみるのも有効だ。パソコンでメールを打つなど文章を書くことが多い人は、「音声入力ソフト」があれば、かなり仕事のスピードが上がる。

大切なことは「今のやり方」当たり前と思わずに、つねに「どうすれば楽になるのか」を考え、方法を探し続けることだ。

常識を疑う

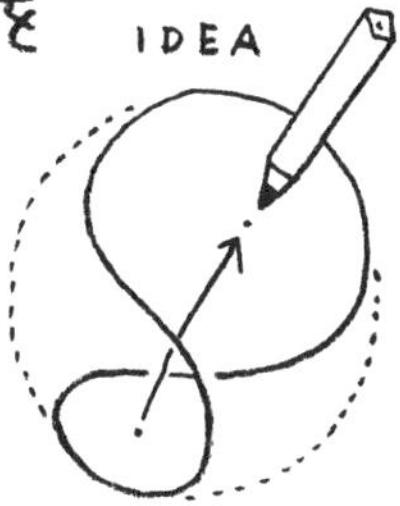

多くの場合、
人は形にして見せてもらうまで
自分は何が欲しいのかわからないものだ。

――スティーブ・ジョブズ
（ビジネスウィーク誌一九九八年五月二五日号）

32 前提条件を疑う

今までやってきたからといって、今後もやるべきだろうか。業界の常識と信じていることは正しいのだろうか。新しい価値あるものを創造するためには、まず仕事の「前提条件を疑う」ことから始めなければならない。

社内会議で、A案とB案が提示され「どちらにしますか?」と聞かれる。ビジネスシーンでよく見かける光景だ。さっそくA案とB案のメリット・デメリットの比較が始まるのだが、そもそもA案とB案の二択というのは正しいのだろうか。頭の回転の速い人は、前提条件を常に疑っている。

部下に対して、『どうすればいいですか?』ではなくて、選択肢をもってこい」と言う上司がいる。これは、判断するための要素をすべて把握しているわけではないし、すべての判断材料を提示されても、いちいち内容を吟味している時間もないから、選択肢をもってきたらすぐに判断する（できる）という意味合いだろう。

「選択肢から選ぶ」。これは楽な作業だ。どちらが得か、それを判断するだけだから。判断と決断は違う。決断は不退転の覚悟で行うもので、選択肢や根拠などなくていい。やると決めたらやるものだ。一方、判断とは、すでにある選択肢の中から選ぶ行為。判断のもとになる、要素や根拠を数多く知っていれば、正しい判断はできる（はず）。

選択肢を提示され、単純に「ではA案にしよう」と決めているようでは、それは仕事とすら呼べない。選択肢を疑わずに選択していること自体が思考停止状態なのだ。「選択肢がすべて正しい」という前提条件があってはじめて、その中で選択することが可能になる。

選択肢が二つのときほど疑ってかかるべきだ。「やるかやらないか」「売れるか売れないか」「継続か撤退か」「人を増やすか減らすか」このような二項対立する選択肢のときは、もうどちらかの選択をしなければならないと思い込んでいる場合が多い。しかし、現実的には「落としどころ」というのがあって、「では、どうやったらできるのか」を考えることで良いアイデアが出るのだ。

お客様が「検討しましたが、その商品は買いません」と言ったとする。結論は確かに、「買う」か「買わない」かの二択だ。しかし、「買わない」と判断したその前提条件は何なのか、きちんと聞くべきだ。断られた理由が「金額」なのであれば、値引きするなり、量を減らすなり、違う商品やサービスを付加するなりで買っていただくことが可能かもしれない。お客様は、こちらが当初提案した内容が、絶対の前提条件だと思い込んでいるが、実はこちらは柔軟に対応できるかもしれない。

仕事における前提条件を疑うには三つの方法がある。

①過去の延長に流されない

選択肢がなくても、前提条件を疑うべきだ。「今やっている業務はなぜこのやり方なのか」考えたことがあるだろうか。「なぜこのやり方なんですか？」と先輩に聞けば、ほとんどの人はこう答える。「前からこうやってるんだよ」と。これが前提条件だ。

仕事は過去の延長線上にある必要はまったくない。常に、目の前の仕事のやり方を疑い、有益な未来を選択する必要がある。

②選択肢を広げる

選択肢が提示された場合は、「これ以外の選択肢が本当にないのか」「今ある選択肢の折衷案はなぜダメなのか」を考えなければならない。選択肢を他人が作っている限りは、そこには選択肢を提示した人の思い込みが入っていると考えるべきだ。

当然自らが選択肢を提示する場合にも、「これ以外の選択肢はもうないのか」「考えるべき要素に漏れがないのか」をチェックしなければならない。

③できる方法を考える

仕事は「できる」か「できない」かの二択になりがちだ。しかし、できない理由は誰でも言うことができる。それは、ただの言い訳だ。

「できない」の前提条件を外し、「どうすればできるのか」をひたすら考えることが重要だ。

33 トレードオフを疑う

経済学の考え方の基本に「トレードオフ」がある。何かを得るためには、何かを手放さなければならないということだ。たとえば、一万円のものを手に入れるためには、一万円で手に入る他の何かをあきらめなければならない。一万円で何かを手に入れれば、一万円を失うことになる。ビジネスをするうえでも、あるものにリソースを投入すれば、他にリソースを割くことはできない。

たしかに「何かを手に入れるためには何かをあきらめなければならない」というのは当たり前のように聞こえる。しかし、安易なトレードオフ思考は人生を小さくしてしまう。

たとえば、ここ数年よく耳にするようになった「ワークライフバランス」という言葉がある。一般的に、「仕事一辺倒ではなく、プライベートも大切にする」という文脈で使われている。極端に言えば、「仕事をさっさと終わらせて、早く家に帰る」という意味合いなのだろう。バランスというからには、「どちらかをとれば、どちらかを犠牲にする」というトレードオフの思考がはたらいている。

たしかに、仕事ばかりにかまけていて子育てをしないとか、家庭を顧みないのは問題だろう。しかし、単純に時間や労力を「バランス」させればいいのだろうか。ほんとうに「ワーク」と「ライフ」はトレードオフなのだろうか。

プライベートを充実させるために毎日定時に帰り、そのせいで会社から評価されず、結局自分の将来をあきらめる結果となってしまっても、それがバランスをとったということなのだろうか。評価されないがために給料が下がってしまい、生活が苦しくなってもそれがバランスだというのだろうか。

「あれか、これか」の思考は頭のはたらきを鈍くする。何事も二元論で考えていては、創造的解決策など出てこない。トレードオフを解消しようとするところに創造性があるのだ。

東洋には「二つならず」という考え方がある。「どちらも別々のものではなく、不即不離なのだ」という考えだ。どちらかを取ろうと思うから、どちらかがおろそかになる。同じものなのだと考えることで工夫が生まれるのだ。
「二つならず」として考えるには以下のように考えてみるといい。

①「行住坐臥《ぎょうじゅうざが》すべてが仕事であり人生である」

先の「ワークライフバランス」でいえば、「ワーク」と「ライフ」は「二つならず」なのだ。仕事を優先しようと思えば、家庭や生活が後まわしになる。家庭や生活を取れば、仕事には打ち込めない。こんな選択はばかげている。どちらも同じ一人の「人生」であって、二つに分けるべきものではないのだ。

仕事も生活も家庭もすべて「人生」だ。であれば、この「人生」に全精力を傾ければいい。結果として「バランス」されているはずだ。

②「あれか、これか」ではなく「あれも、これも」

「あれか、これか」を選択するという考え方にとらわれると、それ以外の道がないように考えてしまう。人は二者択一を迫られると、どちらかを選ばなければならないと思い込んでしまう。心理学でいう「誤前提暗示」だ。しかし、どちらかを選ばなくてはならないルールなどないのだ。「あれか、これか」ではなく、「あれも、これも」を成立させる第三の道を考えることだ。

たとえば、仕事で急な出張が入って、家族の旅行をキャンセルしないといけないとする。ここで「出張か、旅行か」を考えれば、どちらかを選ばないといけない。しかし、「出張も、旅行も」と考えれば、「出張先で待ち合わせて、旅行する」という手もあるだろう。

34 過去をなぞらない

人は一度成功すると、その成功に執着する。うまくいった方法にこだわってしまい、新たな方法を試すことを怖がってしまう。

しかし、よりよい結果を生み出そうとするならば、同じやり方ではむずかしい。同じ方法で、同じ結果以上のことを期待することはできないからだ。よくて、同等、多くの場合はそれ以下の結果しか期待できない。

たとえば、企業戦略として、すでに他社がつくりあげた市場に参入し、二番手として収益を狙う「二番手戦略」が一度うまくいったとする。しかし、それを「競合企業が市場をつくったところに二番手で参入する」とセオリー化してもうまくいくとは限らない。状況が異なるからだ。

また、部下を教育するようなときも、同じ間違いをしてしまいがちだ。自分がうまくいった方法をセオリーとして、部下に守らせようとしてしまう。しかし、自分のときはうまくいったとしても、今の部下たちが同じ方法でうまくいくとは限らない。部下は自分と同じではないし、自分がうまくいったころとでは、前提条件が変わっているからだ。

成果を生み続けている人や企業は、過去を断ち切って、新たな取り組みをし続けることで、成果を生んでいる。より良い結果を生むには、一度過去を否定してかからなければならない。過去の延長線上では、思考の範囲が狭められ、現状からの飛躍ができなくなってしまう。

また、成功だけではなく、過去の失敗も疑ってみるべきだ。過去に失敗したからといって、次も失敗するとは限らない。過去の失敗は、過去における状況で失敗したのだ。いまは状況が変わっているかもしれない。

いま街中では、どこにいってもコインパーキングがあちこちにある。これも過去に一度失敗しているビジネスだ。そのころはまだ、車は路上駐車するのが当たり前だった。「お金を出して車を停める」という感覚がユーザには浸透していなかったのだ。時代に先行しすぎたために、一度は失敗した。しかし、時代が変わり、駐車にはお金がかかるということが当たり前になった。いま、コインパーキング市場の規模は二千億円ともいわれている。過去の失敗が、現在も失敗するとは限らないのだ。

過去をなぞらずに未来をつくりだすには、以下のようなアプローチで考えるといい。

①過去の事実を成り立たせていた要因を探る

過去を活かすためには、過去をなぞるのではなく、過去の事実を成り立たせた要因を知ることだ。すべてのものごとには理由がある。その理由を探り、いまの状況にあてはまること、あてはまらないことをフラットにみることが重要だ。そのうえで「これはまだ成功要因か」「これはまだ失敗要因か」を考える。状況の変化によって、すでにそれらが成功要因、失敗要因でなくなっているならば、新しい取り組み方ができるはずだ。

②過去の成功を陳腐化させる

自分の地位や実績はできるだけ長く保持したい、というのが人情だ。しかし、世の中は常に変化し続けている。過去の実績がいつまでも通用することはない。いつかは陳腐化してしまう。故スティーブ・ジョブズ氏は「もしどこかの製品がiPhoneとカニバリゼーションするのなら、アップルがするべきだ」と語ったという。つまり、できるだけ過去の実績の先延ばしをするのではなく、みずからその実績を陳腐化したほうがいいということ。

自分自身の実績をどうすれば陳腐化できるかを考えることだ。やってみると意外に楽しいものだ。

③居心地の悪いところに身をおく

これだけ過去を否定することが大切だといっても、「はい、そうですか」と否定できるなら苦労はしない。しがみつけるうちは、しがみついてしまうのもわかる。そんなときは、強制的に実績をリセットするのも一つの手だ。別の部署に移動する、営業職なら技術に挑戦してみる、転職してみるなど、それまでのキャリアをリセットするのだ。これは非常に勇気のいることかもしれない。しかし、私の知る限り、キャリアをリセットした人たちが、その後大きな飛躍をしている例は多い。一度リセットされてしまったように見えるキャリアも、長い目でみれば大きな流れの一つになっているからだ。

35 ビジネスモデルを追う

テレビや雑誌で、儲かっている会社が紹介されているのをよく目にする。しかし、儲かっている会社がしていることをそのまま真似をしても、うまくいくはずがない。なぜなら、真似していない部分（要素）がすべて違うからだ。

つまり表層を追わずに、儲かっている会社が「なぜ儲かっているのか」を考えることが大事だ。

マンション販売会社は、事業構造上大きな問題を抱えている。景気が良く不動産売買が活発になるときは大きく儲かるが、景気が悪くなった途端、マンションという高価な在庫を抱えなければならないからだ。

売れ残ったマンションは当然古くなり、在庫としての資産価値は減るばかり。これでは、儲かるか儲からないかは景気次第になってしまう。

ここであるマンション販売会社が注力したのが「ストック売上」。フロー売上が、マンション販売のように流動的な売上に対して、ストック売上とは、定期的に入ってくる固定的な売上のことを指す。このマンション販売会社は、過去に販売したマンションの管理や修繕を請負う事業に注力したのだ。

マンション販売はかなりの変動がある。しかし、マンション管理や修繕の請負などのストック売上は、安定的に入ってくる売上で、フローとは違い、いきなりなくなるものではない。

この「ストック売上」と呼ばれるビジネスモデルは、他の事業では珍しいものではない。携帯電話の基本料金や、プリンターのトナーインク。これらは、ハード（携帯電話やプリンタ）を安く売ってでも、利用者を拡大することで、そのあとに発生するストック売上（基本料金やインク代金）で安定的に売上を確保しているのだ。

映画は、投資に対するリスクが高い分野だ。映画を製作するのに、巨額の費用を投じなければならないが、その費用を回収できるだけの保証はまったくない。映画会社がそのリスクをすべて負担していたら、相当な資金力があるか、大ヒット映画を作り出せないかぎり、すぐに倒産してしまう。

そこで考え出されたのが映画ファンドだ。映画の製作資金を投資家から集め、興行成績に応じて配当するという仕組みだ。投資に対するリスクは高いがリターンも高いということでこのようなファンドが成り立つわけである。

考えてみれば映画と同じように、投資に対するリスクが高い分野は数多くある。コンテンツ制作という分野では同じ音楽や出版も、投資に対するリスクは高い。またコンテンツに関連ない分野でも、「新薬の開発」は、映画以上にリスクが高いかもしれない。新薬の開発には通常、数百億円以上の研究開発費用がかかるといわれており、この巨額費用を製薬会社が負担しているのだ。そこで映画と同じように、ファンドを組んで、リスクを分散する仕組みが確立しつつある。

表層ではなく、ビジネスモデルを追うためには、二つのポイントがある。

①違う業界の情報を手に入れる

競合である同業他社の情報を躍起になって手に入れては、それを参考にビジネスを考える人は多いが、他業界の情報になると、まったく関心がないという人がほとんどだ。

業界内の情報はいち早くまわり、競合他社にすぐに真似されるので、新しいことを始めてもすぐに平凡なビジネスになりがち。一方、他業界のビジネスモデルを転用することは、競合他社も簡単には真似できないから、付加価値が高いのだ。

同じ情報を手に入れるなら、あえて違う業界の情報を手に入れることだ。

②仕組みにだけ着目する

他業界の情報を仕入れても、「うちの業種では無理だ」と思いがちだ。しかし、それは表層を見ているだけだから。

他業界や他社の行動という表層を見るのではなく、儲かる「仕組み」だけを注視すること。仕組みは、どんな業種や会社であっても転用できるのだ。

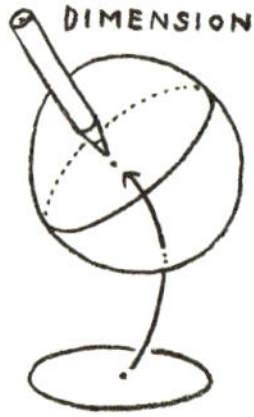

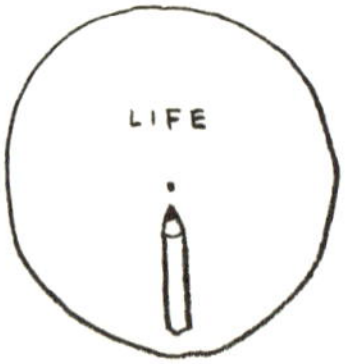

離

次元を上げる

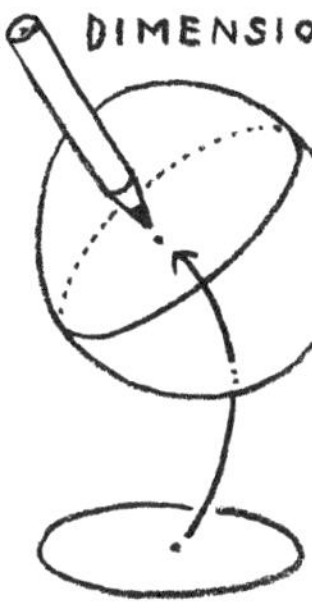

井の中の蛙、大海を知らず。
されど、天空の高さを知る。

――諺

36 エレベータホール問題を考える

「離」のステージの目的は、形にとらわれずに本質を得ることだ。鍛錬と実践を積み重ね、やがて基本に還る。ビジネスの現場において、本質を得るためには、考えの次元を上げること、そして人間への理解を深めることが大切だ。思考の次元を上げることで、既存の考え方に縛られない自由な発想をすることができるようになる。

そしてビジネスとは人間抜きには成立しない。人間を理解することで、思考もはじめて意味をもつ。この章では、思考の次元を上げるためのヒント、そして人との関わり方について説明する。

●●●

問題解決をしなければならないとき、問題を解決する最善の方法を考えようと必死になりがちだが、その前にまず「何が問題なのか」を正しく設定することが大切だ。問題設定の仕方次第で、解決がむずかしくなったり、いとも簡単に解決したりするのが事実なのだ。

問題解決で有名な話に「エレベータホール問題」というものがある。

あるビルの利用者から、「エレベータの待ち時間が長すぎる」というクレームが多発していました。いくつかのテナントからは、「改善されないようであれば、引っ越しもやむを得ない」とまで言われています。

困ったビルのオーナーは、エレベータのメーカーを呼んで相談しました。するとメーカーの技術の提案は、

・エレベータを増設する
・エレベータを最新式のものに入れ替える
・となりのビルと渡り廊下でつないで、どちらのエレベータも利用できるようにする

というものでした。どの案を採用したとしても、時間も予算も大きく必要になってしまいます。そんなことをしている間にもテナントは出て行ってしまうかもしれません。

困ったオーナーは従業員をみんな呼び出して相談をしました。

「なにかいいアイデアはないだろうか。このままではテナントが出て行ってしまう」

さて、あなたならどういう問題解決方法を提示するだろうか？

この問題を解決しようとすると、「問題＝エレベータ」という思い込みが邪魔をし、「エレベータをどうするのか」という論点でないと解決方法を考えられなくなる。

この問題の解決方法として、有名な答えがこれだ。

「エレベータホールに大きな鏡をつける」

この問題は、エレベータの利用者が「エレベータの待ち時間が長すぎる」と「感じること」に論点がある。すなわち、利用者の「待っている間の時間をもて余してしまう」「待っている間がヒマだ」という不満さえ改善できれば問題解決になるのだ。

大きな鏡を設置することで、エレベータを待っている間、自分の髪型や化粧、身だしなみをチェックしたり、直接じっと見るにははばかられるが気になる異性を鏡ごしに見ることができるようになる。つまり、「待ち時間が待ち時間でなくなった」が問題解決につながった。

この答えは「待ち時間を短くする」という目標からは決して出てくることはない。「問題の本質は何なのか？」「問題が問題でなくなるのはどうすればいいか」を考えてはじめて出てくる答えだ。

問題に取り組むときは、「つまりはどういうことか」を問うことから始めることが大切だ。「問い」が答えを規定してしまうからだ。問題が発生するとすぐに解決策を考えることに取りかかりがちだが、「何が問題なのか」と問題の本質を考えることに時間を費やすべきなのだ。論点が的外れであれば、そこから出てくる解決方法は必ず的外れなものになる。「本当の問題とは？」という視点を常にもち続けることで、それまでの自分の思い込みから解放され、正しい問題解決方法を考えることが可能になる。

問題解決の次元を上げるために、以下の可能性を探ってるといい。

①「問題が問題でなくなる」状況を考える

先のエレベータホール問題では、「待ち時間が待ち時間でなくなる」ことで、問題が解決された。問題が起きると、どうすれば問題を解決できるかを考えてしまいがちだが、「問題が問題でなくなる状況はつくれないか」を考えることで、問題そのものをなくしてしまうことが可能になる。

②問題の対象領域を広げて考える

問題を「エレベータ」に限定してしまえれば、「大きな鏡をつける」という解決策は出てこない。「エレベータホール」とエレベータを取り巻く状況にまで範囲を広げたからこそ、この解決策を考えることができる。

問題そのものだけを見るのではなく、問題の領域を広くとることで、打つ手を増やすことができるのである。

37 立体交差で考える

ふたつの相反する事柄が衝突し、どちらか一方をとれば、もう一方が成り立たない。ビジネスをしていくうえではよくあることだ。このとき、成果を生み出す人は、安易にどちらをとるかという選択はしないものだ。

このように衝突する問題がもち上がったときは、問題と同じ次元で考えていては解決できない。問題をとらえる次元を上げる必要がある。つまり、「問題が問題でなくなる」ようにすればいい。そして問題をとらえる次元を上げるということは、問題を構成している変数を一つ増やしてやるということだ。

「数学のノーベル賞」といわれるフィールズ賞を受賞した広中平祐氏の著書に次のような記述がある。

「途中で琵琶湖を一周する東京〜大阪間の一本の高速道路をつくるとする。ところがそれは、どこかで交差点ができるから、平面のままでは交差点のない一本道にはならない」

この問題を解くには、一周して交わる道路を立体交差にすることだ。つまり、二次元で考えると解けないが、この問題に「高さ」というパラメータ（変数）を加えることで、問題をとらえる次元を上げることができ、解決策を導き出せるのだ。

これはビジネスにおいても役立つ考え方だ。たとえば、スポンサービジネスを考えてみよう。あるターゲット層にコンテンツを売りたいと考えている人がいる。しかし、ターゲット層はそのコンテンツにお金を出してくれそうにない。そこで、ターゲットから直接お金をもらうのではなく、そのターゲット層にアプローチしたいスポンサーを見つけてくるのだ。ターゲットにはコンテンツを無料で提供し、スポンサーからお金はもらう。スポンサーはターゲット層に自分たちの商品やサービスの宣伝をすることができるのだ。これは売り手と買い手という二人の登場人物の場に、スポンサーという別の変数を追加することによって問題を解決した例だ。

ふたつの事象が衝突すると、どうしてもその衝突に目を奪われてしまう。いまある状況のなかで解決できることはないかを考えてしまう。しかし、その衝突を取り巻く状況は、何も固定されたものではなく、視野を広げればいくらでも解決策は見つかるのだ。

問題をとらえる次元を上げるには、たとえば以下のように、問題を取り巻く状況を理解して、何か別の要素を付け加えることはできないかを考えるといい。

①問題の状況を分解する

ビジネスの構成要素は、一般に「ヒト・モノ・カネ・時間・情報」などが挙げられる。衝突する問題があるときは、このうちの限られた要素で考えていることが多い。今の問題は、これらの構成要素の何が衝突しているのかを考えてみよう。そのうえで他の要素を追加して解決できないかを考えると、事態を打開できることも多い。

②登場人物を増やす

先ほどのスポンサービジネスモデルでは、「売り手」「買い手」という二人の登場人物だけで考えていたところに、「スポンサー」という登場人物を追加することによって問題を解決した。登場人物を増やすことで、問題を解決することはできないかを考えてみるのもひとつの手だ。

38 所与の条件を所与のものとして扱わない

数学の問題文ではよく、「Aは所与の条件とする」と書いている。これは、解くべき問題の前提にある、動かせない条件のことを指している。学生時代から考え方を変えられていない人は、仕事にも「所与の条件」があって、その前提条件には手を触れてはいけないと思い込んでいる。

頭の回転が速い人は、仕事には「所与の条件」などないことを知っている。むしろ、意識的に無視する。

仕事に「所与の条件」をもち込む人の口癖はパターン化できる。

「以前からこのやり方で仕事をしています」

「この業界ではみんなこうやっています」

「マニュアルにはこう書いています」
「前例がないもので」

こういう思考パターンを「トレンド思考」と呼ぶ。トレンド思考とは、過去の経験や知識を「所与の条件」として、意思決定の基準を過去に置く。こう書くと、「公務員みたいだな」と思われるかもしれないが、ほとんどの人はこうやって仕事の意思決定をしている。トレンド思考で仕事をすると、過去を再現することがアウトプットの方法になる。

トレンド思考の逆の思考パターンは「ゼロベース思考」と呼ばれる。あるべき姿・なりたい像を想像して、そこから逆算で今やるべきことを考える。つまり、意思決定の基準を未来に置いているのだ。ゼロベース思考で仕事をすると、描いた未来をどうすれば具現化できるのか考えることがアウトプットの方法になる。

過去を再現することなど誰にでもできる。そこに価値はない。未来を具現化することは、誰にでもできることではない。しかし、だからこそそこに価値がある。今求められているビジネスパーソンは、常に「ゼロベース思考」なのだ。

ゼロベース思考の人は、組織ではよく異端児扱いを受ける。それはルールを守らないからだ。なぜルールを守らないかというと、「ルールはあるものではなく、作るものだ」と考えている。確かに正しいルールもある。しかし現状に即しないルール、意味のないルール、改善すべきルールのほうが多いものだ。


「以前からこのやり方で仕事をしています」

↓「本当に改善の余地がないのか？」

「現状に即したやり方は？」

「この業界ではみんなこうやっています」
↓「違うことをやるから差別化できるんだ」

「マニュアルにはこう書いています」

↓「いつ作ったマニュアルなの？」

「マニュアルが常に正しいなら人は要らない」

「前例がないもので」
↓「前例がないからやるんだろ」

「イノベーションのジレンマ」という言葉がある。もとは本の題名だが、あまりに有名なので題名がそのままビジネス用語になっている。イノベーションのジレンマとは、優良企業ほど、従来の製品・サービスの改良・改善に力を入れ、顧客が本当に求めているニーズに応えられない状態のことを指す。まさに会社全体で「トレンド思考」になっている状態だが、過去に成功していればしているほど、このジレンマにはまりやすい。それは過去の成功が「所与の条件」となり、変革のインセンティブをもたないからだ。

頭の回転の速い人は、突拍子もないことを考えているように思われがちだが、それは違う。考えを過去から引っ張らずに、未来から引っ張っているだけなのだ。

39 全体と部分の両方から考える

部分最適の積み上げは全体最適にならない。だからこそ、頭の回転の速い人は、全体と部分の両方から考えている。全体最適だけを考えると、部分は最適にならないし、部分最適だけを考えると、全体最適にならないのだ。

会社の全部署がそれぞれ部署内で掲げるべき目標を設定する。本来、各部署の目標は会社の目標に沿ったもので設定されるが、あえて会社全体の目標を考えずに、各部署に目標を立てさせたらどうなるだろうか。各部署の目標を合わせてみると、会社の目標にまったく合致しないものができるのだ。各部署が「もっとも正しい」と考えていること（部分最適）を全部足し合わせた結果（全体）は、なぜか最適にならない。

逆はどうだろうか。つまり、会社全体の目標を全部署に周知し、そのうえで各部署に目標を立てさせる。全体最適（会社全体の目標）を示したにもかかわらず、それぞれの部分

（各部署の目標）は、これも最適にならないのである。

人間は構造上、各器官や臓器からできている。心臓は血液を送り込む機能を果たしているし、肺は空気中から酸素を取り込む機能を果たしている。各器官や臓器には、それぞれに機能があり、それらをすべて合わせて、人間は人間の機能を果たしている。では、それらの器官や臓器を分解してみるとどうなるのか。心臓や肺はそれぞれの機能を失うことはないが、全体としての人間の機能は完全に失われる。

逆に、心臓や肺などの必要な器官・臓器を寄せ集めて、人間が作れるだろうか。各機能さえ正常であれば人間は作れるだろう。しかし、器官や臓器は、お互いがお互いの機能と密接に絡み合っているため、すべての器官や臓器が正常だからといって、全体として正常な人間ができるとはいえない。

これは不思議なことだ。分解しただけで、何も減っていないし、それぞれの機能は何も壊れていない。しかし、全体としての機能は失われるのだ。一〇〇を一〇で割って出た答えに、一〇を掛けてみると、一〇〇にはならないということを意味している。

数字の世界ではあり得ないが、現実の世界ではこれが当たり前なのだ。

新しいビジネスを思いついたときに、どれくらい利益がでるのか、簡単な利益計画を作ってみる。三年後には売上が一〇〇億円、それに付随するコストが九〇億円になりそうだから、営業利益が一〇億円。壮大で夢のある計画だ。これだけで事業をスタートしようとすると、たいてい失敗する。なぜなら、自分がこの事業を始めたら、という部分最適だけを考えていて、全体をまったく見てないからだ。

このビジネス領域のマーケットサイズ（全体）を調べてみたところ、五〇〇億円だったとする。ということは、作った事業計画では、たった三年間で新規参入した白社がマーケットの二〇％を押さえることができる、ということを意味している。もちろん、三年間で二〇％のシェアを押さえることが不可能だといっているのではない。部分から考えたときと、全体から考えたときの目標が一致するかどうか、齟齬がないのか、本当に考え合わせたのか、ということが大事なのだ。

分析も同じだ。事業の各項目を分析し、それぞれにおいて問題点の抽出をしていく。そしてその問題点をすべて解決しようとするのだが、その結果、新たに生まれ変わった商品・サービスは、何の特徴もないありふれたものになってしまう。

部分最適の積み上げは全体最適にならないのだから、常に次の二点に注意しなければならない。

①まず全体最適から考える

自分の仕事、部署としての仕事をしていると、部分最適だけを考えがちになる。「自分は目の前にあるこのミッションを全力でやり抜こう」「部署が目指している方向に進んでいればいい」という感覚だ。しかし、自分が良かれと思ってやっていた仕事が無意味であったり、部署として出した仕事が他部署の猛反発を受けることがある。

これらは、部分最適しか考えなかった結果として、評価されなかったり成果がでない典型例だ。まずは、全体最適を考えてから、部分最適に落とし込む必要がある。

②つながりを考える

担当者や部署が別でも、仕事はすべてつながっている。たとえば、新規顧客を発掘し、そこに営業する。提案を重ねながら、買っていただく商品や値段などを調整する。受注すれば、納品するまでの準備・作業をして、それを納品する。その代金を回収して、経理処理する。

仕事はつながっているが、担当する人や部署は別になっているのが通常だ。そこで起こるのが、プロセスごとの最適化だ。営業部は新規契約を取り続けるが、かなり無茶をして契約までこぎつけているため、納品が間に合わない、また売上代金の回収がおろそかになるなど、違う担当者や部署で問題が発生する。これは、目の前のプロセス（顧客からの受注）だけを優先するあまり、次のプロセス（納品する・代金を回収する）を無視している状況だ。

一つのプロセスの最適化を考えるのではなく、プロセスとプロセスにはつながりがあるのだから、「これをしたら、次以降のプロセスではどうなるのか」を常に見据えたうえで仕事をしなければならない。

場を読む、人を知る

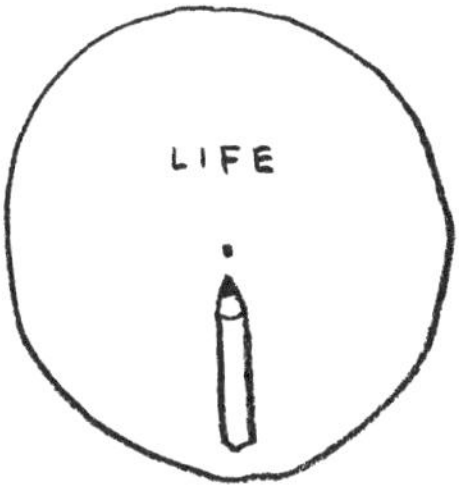

信じて投げて打たれるのはいい。
信じて投げて打たれたのなら、それは結果。
一番いけないのは、やる前から
打たれたらどうしようと考えること。

――落合博満『コーチング』

40 どう伝わったかがすべて

どんな仕事も人とするもの。だからこそ、独りよがりでは仕事を達成することはできない。場を読み、人を知ることで、大きな仕事を成し遂げることができる。相手にどう「伝えるのか」ではなく、相手にどう「伝わるのか」を考えておくことで、人を動かし、より高いレベルの仕事を達成することができる。

実務上、最も怖いのは、ミスコミュニケーションだ。ビジネスで起こるトラブルの多くは「伝えたつもり」と「伝わったこと」のギャップに起因する。

・お客様にちゃんと伝えたつもりだけどまったく違う理解をされていてクレームになった
・取引先に提案に行ったけど担当者がまったく違う理解をして社内で周知された
・社内業務を他の社員に伝えたつもりだったけど、まったく違う処理・対応をされた一度相手とのベクトルがズレると、これを修正するにはかなりのパワーが必要。だからこそ、当初からミスコミュニケーションを最大限避けることを考えなければならない。コミュニケーションの基本は、「自分がいかにロジカルに正しいことを伝えるのか」だと思いがちだが、実はそれ自体がミスコミュニケーションの元凶だ。「どう伝えたか」ではなく、相手に「どう伝わったか」がすべてなのだ。

上司にすでに報告した内容を、上司が「聞いてない」と言い始めた場合、そこで「以前報告しましたよね？　覚えてらっしゃらないのですか？」と聞くことは、火に油を注ぐだけの行為であることは言うまでもない。

顧客からのクレームに対して、「私はきちんと説明しましたよ」と答えることは、クレームを悪化させる最悪の行為だ。

ミスコミュニケーションを避けるためには議事録を作ればいいと思っている人もいるだろう。しかし、それは間違いだ。議事録は、話した内容をまとめたものにすぎず、いくら議事録が双方で了承されていたとしても、「この言葉は、そういう意味で話したんじゃない」と言われてしまえば終わり。つまり、「言った言わない」の争いを避けることはできても、ミスコミュニケーションを防ぐ手立てにはならない。もっというと、議事録は、あとで問題が起こったときにさかのぼって、誰が悪いのかを特定する「犯人探し」のツールにしかならないのだ。

相手に「わかりましたか?」と聞いて、「わかりました」と答えたらそれだけでミスコミュニケーションを防げる、というのも、明らかな間違いである。「わかりました」という言葉自体には、何の意味もなく、「何がわかったのか?」「どうわかったのか?」を確認できなければ、何も確認していないのと同じなのだ。

ミスコミュニケーションを防ぐ方法をいくつか紹介しよう。

①別の言葉で確認する

ミスコミュニケーションを防ぐためにもっとも大事なのは、確かに確認なのだが、確認にも方法がある。それが「別の言葉で確認」することだ。

「弊社では今期の予算があまりなく、御社に依頼する広告を考え直したい」と顧客に言われた場合、「広告予算を削減したいのですね?」と、そのままの意味合いで確認するのではなく、「広告の量を減らすということですか?」「広告の量を変えずに弊社が見積り金額を下げればいいのですか?」「広告の質を変えて再提案してほしいということですか?」など、「自分が理解した別の言葉」で相手に質問することが大事なのだ。

②伝えるときは理由も伝える

相手に伝える場合には、ただ要望を伝えるのではなく、その理由を伝えることだ。

「弊社では今期の予算があまりなく、御社に依頼する広告を考え直したい」と取引先に伝える場合も、「広告予算があまりない理由は、すでに他の商品に広告予算をとられたから」と伝えれば、「広告を出したい商品が、会社内ではあまりプロモーションに力を入れてもらえていない」ことがわかる。「広告予算をあまり出せない理由は、上司が納得していないから」と伝えれば、「では、上司を説得するための資料を提示します」と、相手も対応を考えることができるのだ。

また社内でも、ただ「これをやっておいて」と伝えるのではなく、それを依頼するのは「何のためなのか?」「誰に言われたものなのか?」「どういう状況に対応するためのものなのか?」を伝えることで、ミスコミュニケーションは最大限避けることができる。

③伝える相手を複数人にする

こちらが伝えたいことがある場合、伝える相手を複数人にすることが大事だ。伝えた相手がひとりであれば、勘違いや思い込みが発生しがちだが、複数人いるだけで、勘違いや思い込みされる可能性は圧倒的に下がる。

特に、まだ付き合いの期間が短い取引先や上司・部下、他業界の取引先などは、こちらがわかりやすいように伝えてもミスコミュニケーションが発生しやすい。伝える側も、伝える内容に注意を払うのは当然、伝える人数をあえて増やすことが大事なのだ。

41 「三つの視点」で自分を評価する

会社から評価されないと言って「腐る」人がいる。

自分が評価されないのは、本当に、会社の評価制度が悪かったり、上司の見る目がないからなのだろうか。いや、そもそも評価されていないという時点でダメだと考えるべきである。

あなたが製品を作っていたとしよう。自分がいくら良いと思っても、売れなければ（つまりマーケットに評価されなければ）意味がないだろう。売れる製品を作ることができない自分が悪い。あなたの評価もこれとまったく同じで、自分が良いと思うことに意味はなく、人（会社）からどう評価されるのかが大事なのだ。

自分の自分に対する評価と、他人の自分に対する評価は違う。どちらが正しいかといえば、他人がする評価が常に正しい。受け手があなたをどう感じているかがすべてなのだ。

人は、自分を過大評価し、他人を過小評価しがちだ。考えてみるとすぐにわかる。会社の同僚を一人思い浮かべてほしい。その人の「良いところ」と「悪いところ」をそれぞれ挙げてみると、「悪いところ」ばかり浮かんでくるはずだ。人は他人の悪いところばかり目につくものなのだ。

一説では、人は自分の評価を四〇％増しで、他人の評価を四〇％減で考えるという。つまり、一〇〇の実力があると、自分の評価は一四〇で、他人の評価は六〇になるということだ。この八〇のギャップが不満だというわけだ。

評価には、大きく三種類ある。あなた自身の評価についても、この三つの視点から考えてみるといいだろう。

①主観的評価

自分がどう思うかによって評価を決めること。

②客観的評価

主観を排除するため、客観的評価がある。たとえば、目標数字に対する達成度で評価するなど、客観的な指標で評価する方法だ。

③他者評価

他人がどう思うかによって評価を決めること。すでに書いたとおり、評価とは他人がするものであって自分がするものでない。そして人が評価を行うのであれば、そこには主観が入って当然だ。

いくらデジタル化が進もうと、機械だけで人の評価をすることはない。評価とはそれほど複雑で難しいものなのだ。

自分の評価が低いのは上司が悪いのではない。そもそも市場原理は、「評価する者」と「評価される者」で成り立っている。人が評価をするかぎり、主観から逃れることはできない。そして、その主観が必ずしも正しいと言えないし、評価がいつも同じとはかぎらない。

本当の問題点は、上司が部下に評価の基準を明示しないことにある。

上司は「俺の評価は主観だけど、その基準は○○だ」と部下に伝えなければならない。つまり、主観で評価することが悪いのではなく、主観で評価している基準を説明しないことが問題なのだ。

主観で評価しているかぎり、評価者には説明責任がある。評価される側としては、主観で評価されていることは納得したうえで、評価基準の明示を求めればいい。その評価基準に納得できなくても、それはそれでしょうがないと割り切らなければならない。

成果を生み出すためには、「人は主観で評価する」ということを認めたうえで、先にあげた「三つの視点」で自分を評価することだ。主観的評価に偏れば、甘くなる。客観的評価だけでは、数字に表れない評価を見落としてしまう。他者の目ばかりを気にしていては、移ろいやすい評価に振りまわされ、やがて陳腐化してしまう。

これら三つの視点で、偏らずに自分を評価し続けることで、はじめて継続的な成果が可能となるのだ。

42 コンテキストで表現する

人は、コンテンツ（内容）ではなく、コンテキスト（文脈）で理解しているものだ。だから、結論だけをひたすら相手に伝えても相手に伝わらない、という現象が起こる。

学生時代の英語の勉強を思い出してほしい。英語の試験問題を読んで自分が理解したストーリーと、試験後に解答を見たときに、まったく違うストーリーだったことがないだろうか？　人がいかに、コンテンツ（内容）ではなく、コンテキスト（文脈）で理解しているのか、おわかりいただけただろうか？

また、人に結論だけ伝えても、人は動かないという事実がある。

たとえば、社内が大企業病にかかっているとしよう。この状況に警鐘を鳴らすため、全社員を集め、「わが社は急成長し、その結果としていまや大企業病になっている。部署間の連携もうまくとれず、新規事業も育たない。何より、社内に危機感がない！　だから、社員一人ひとりが「出る杭」になって、もっと活気のある会社にならないといけないんだ。」

こんなコンテンツ（内容）をひらすら社内で叫び続けて、本当に会社が変わるのだろうか？

この話を聞いて、社員全員が「俺が出る杭になってやる！」と思うのだろうか？

こんなコンテンツ（結論）だけを話すくらいなら、あえてたとえ話で伝えたほうが、よっぽど人は動くはずだ。大企業病の例でいうと、こんなたとえ話はどうだろうか？


日本に輸入されている中国産ウナギの多くは、カナダのバンクーバーで生まれている。バンクーバーで生まれたウナギの稚魚は、空輸で中国へ運ばれ育てられている。なぜなら、バンクーバーはウナギの稚魚が生まれやすいが大きく育ちにくい環境で、一方中国は稚魚が生まれにくいが大きく育ちやすい環境だからだ。

しかし、ウナギの稚魚をバンクーバーから中国まで空輸するのは大変なことだ。水槽いっぱいにウナギの稚魚を入れて空輸するのだが、そのほとんどが空輸中に死んでしまうのだ。

そこで、その水槽の中にナマズを一匹だけ入れて空輸してみると……ウナギの稚魚の八割が生き残ったまま中国に到着したのだ。ナマズはウナギの稚魚が大好物。空輸中に二割のウナギがナマズに食べられてしまったが、八割は生き残ったのだ。

この話では、ウナギの稚魚だけならそのほとんどが死んでしまうのに、ナマズを入れたら、ウナギの稚魚が食べられたくなくて逃げ回って生き延びることがわかった。会社もまったく同じで、社員が同質化すると死んでしまうものだ。会社には「ナマズ」というストレスが必要なのだ。

この「ナマズの話」を講演などで話すと、ほとんどの人は「出る杭になる話」ではなく、「ナマズになる話」ととらえて、記憶にとどまりやすいようだ。つまり、会社に「出る杭が必要」というコンテンツ（内容）ではなく、「ウナギの稚魚だけだと死んでしまうから、ナマズが必要」というコンテキスト（文脈）が刺さる。

人に伝え、人を動かすためには、コンテンツではなく、あえてたとえ話などのコンテキストで伝えることが大事なのである。

「ナマズの話」までいかなくとも、相手に伝えることをコンテキストで表現するコツは三つある。

①自分なりのたとえ話をパターン化する

いきなりビジネスシーンの中にたとえ話を取り込むのは、非常にむずかしい。だから、例え話をパターン化することから始めるべきだ。パターン化する「たとえ」は、日常生活に近ければ近いほど、誰にでも伝えることが可能になる。

たとえば、「引越し屋」の話などがわかりやすい。顧客への見積り対応が遅いときに、上司が「何で見積りをもっと早く出さないんだ！」と言うより、「引っ越し屋に見積り依頼したときに、見積りが一週間かかるって言われたら誰もそんな引っ越し屋に依頼しないだろ？」と伝えるほうが、人は納得しやすいものだ。

定番のたとえ話を用意しておくと、コンテキストで伝えやすくなる。

②他部署に当てはめる

自分だと気づかないことも、他部署に置き換えればわかりやすいことが多い。たとえば、他部署から頼まれて仕事を引き受けた社員がいたとする。その社員は良かれと思って仕事を引き受けたのだが、上司に怒られた。「なぜ上司の許可なく、他部署の仕事をするんだ！」

このように直接的に伝えても、その社員は良かれと思ってやったことなので、「なぜ依頼された仕事を引き受けてはダメなのか」理解に苦しむだろう。

ここでは、他部署に当てはめて伝えたほうがわかりやすい。「営業部の売上が足りないとする。今のままでは売上が未達になるので、経理部の暇そうな社員に、営業を手伝ってくれるようにお願いをしたとする。これって正しい仕事？」

あえて他部署に当てはめて伝えると、人は理解できるものだ。

③相手の立場にスライドさせる

他部署のみならず、立場が変われば人の認識は変わるものだ。

先ほどの他部署からの依頼を引き受けた場合でも、「自分が上司だったら、許可をした？」とか、「自分が仕事を頼みたい側だとしたら、実際に他部署に頼むと思う？」と伝えると、人は自分を客観視し、コンテキストを理解できるのだ。

43 あえて表層の問題から解決していく

問題を真に解決するためには、起きている現象ではなく、根本原因を突き止めることが大切である。なぜならいくら表面的な問題を解決しても、原因がなくなっていなければ別の現象として現れてくるからだ。

しかし、いつも「根本原因」ばかり探すのも考えものだ。何か問題が起きて、対策を考えているときに、「表面的なことではなく、根本原因を解決することが大切なのでは？」としたり顔で言うようではいけない。それではただの評論家になってしまう。原因を分析することが仕事ではないのである。

たとえば、顧客からのクレームが来て、その根本原因が営業体制にあったとする。このときに「営業の体制を変えましょう」と言ったとしても、すぐにできるものではない。評論家然としてそんなことを言ったとしても、「そんなことはわかっている」と思われるのがオチだ。

根本原因を突き止め、それを改善するには時間がかかることが多い。原因が組織や体制にあったり、プロセスにあったりなど、構造的な問題であることが多いからだ。それらの根本原因を解決するには、権限と時間が必要となる。

こんなときに必要なのは、まず目の前にある問題を解決すること、起きている現象を止めること。痛がっている患者を目の前にして、普段の生活習慣を改善しましょうという医者はいない。まず痛みを止めてあげなければならないのだ。

成果を生み出す人は、目の前の問題を解決することの大切さを知っている。根本的に問題を解決するためのプロセスとして、まず表層の問題を解決しなければならないからだ。

飲み屋で「そもそもうちは体制がなってないんだよね」などと愚痴を言っているビジネスパーソンにできる人はいない。「じゃあ、いまどうするのか」という視点で考えなければならないのだ。最終的に根本原因を解決するためにも、以下のようなアプローチで考えてみよう。

①表層の問題を解決しながら根本原因を探る

問題が起きたときに、「根本原因はこれだろう」と机上で考えていたとしても、実際に現場で問題解決にあたると、真の原因はまったく違っていたということがよくある。外から見るのと、中で実際に目にするのでは、見えるものがまったく異なるのだ。表層の問題を解決するときは、ただ問題を解決するだけではなく、解決するプロセスの中で、根本原因を理解するようにする。実際に自らの目で見て、解決すれば、次に提案するときにも説得力が違ってくるだろう。

②提案は、目の前の問題を解決してからにする

根本原因を解決するには、まず目の前の問題を解決して、信頼を積み重ねていくことが大切だ。そうして実績を積み重ねていくと、構造的な問題にも切り込むことができるようになる。そのうえで「いま起きている問題はこれで解決できましたが、これは根本原因の解決にはなっていません。そもそも問題が起きないようにするには、こういった対処が必要です」と言えば、周りも聞く耳をもってくれるだろう。

44 物理的最短距離と心理的最短距離

「キーマンを押さえる」のは営業のみならず、組織の中で仕事を円滑に進めるうえでも大切な心得のひとつだ。ただし、「キーマン」とは、ただ権限をもっている人や、決裁できる人を指すのではないので注意が必要だ。

キーマンを押さえるには、キーマンとの距離を縮めることが必要だが、この距離には「物理的最短距離」と「心理的最短距離」がある。

この二つの言葉は、私が子どものころから親しんできた武術の考え方からもってきたものだ。武術では「間合い」、つまり相手との距離を重視する。間合いをつめて、最短距離を通って相手を攻めなければならない。しかし、最短距離を通るルートには必ず相手のガードがある。ガードがあれば、いくら物理的には最短距離であっても、攻撃すれば必ず何らかの反応をされてしまう。

ここで必要となるのが、「心理的最短距離」という考え方だ。心理的最短距離とは、相手の気づかないルートを通るということだ。ガードの上からいくら攻撃しても相手はびくともしない。しかし、人間には死角というものがある。この死角を通るルートで攻めれば、物理的には最短距離ではなくても、結果としていちばん早く相手に攻撃がとどく。孫子はこれを「迂《う》をもって直となす」と言った。これは仕事をするうえでも有効な考え方だ。例を二つ挙げよう。

①決裁は心理的最短距離をとる

たとえば何か企画をもっていてそれをプロジェクトとして取り組むには、経営者の決裁がいる。そんなときに、いきなり社長に直談判して「やらせてください」と言っても、なかなか通らないだろう。物理的には最短距離のルートかもしれないが、心理的にはかなり距離があるからだ。こんなときは、社長との「心理的距離」のちかいルートをたどるとうまくいくことが多い。

権限をもっている人には、「この人の言うことなら話を聞いてくれる」というような、いわゆる「懐刀」的な存在の人がいる。そのルートを使うのだ。「懐刀」までの距離が遠いならば、そのまた「懐刀」を狙えばいい。そうやって、心理的最短距離のルートをたどるのである。

②ハードルの低い問題から解決する

「あえて表層の問題から解決していく」でも述べたが、問題の根本原因からではなく、いま起きている表面的な問題を解決するアプローチも、心理的最短距離をたどるものといえる。確かに問題が起きたときに根本原因をなくすことができれば、これがいちばんいい。これは物理的最短距離を攻めるルートだ。しかし、問題の根本原因を解決するにはハードルが高いことが多い。体制や組織の問題は一朝一夕には解決できない。そこで心理的最短距離を通る「表層の問題から解決していく」というルートをとるのだ。問題がひとつ解決されれば、課題に対しての緊張感が和らぐ。表層の問題を解決することを積み重ねることで、真の原因に目を向けやすくなるのだ。

効率を重視する人は、どうしても「物理的最短距離」をとろうとする。しかし、人間は感情の生き物だ。物理的には最短距離であっても、途中にはおもいがけない崖が存在することもある。効率ではなく結果を重視する人は、「心理的最短距離」のルートを探る。効率は大切だが目的ではない。結果を出すことが大切だ。「心理的最短距離」は結果を出すためのルートといえる。

45 多様性を認める

「組織にはダイバーシティ（多様性）が必要だ」と声高に主張しながら、本当の意味で多様性ある組織はあまり見かけない。強い組織とは、多様性がある組織だ。デキるビジネスパーソンは、多様化を歓迎する。

「なぜ組織には多様化が必要なのだろうか」を考える前に、「なぜ組織は必要なのだろうか」を考えよう。

一人ひとりが実力を「一」だけもつ従業員が一〇〇人いる会社がある。この会社は、一×一〇〇＝一〇〇を超える成果を発揮できないのであれば、会社としての存在価値はない。なぜなら、従業員一人ずつが会社に所属せずに仕事をしても、一〇〇の成果を発揮できるからだ。

つまり組織の存在価値とは、従業員一人ひとりの実力を総和したものよりも成果が増えるはずだから、組織にしているのだ。

なぜ組織になれば実力の総和が大きくなるかというと、役割分担をすることで、効率的に仕事ができるからだ。営業と経理を分けることで、営業は経理処理をしないで販売に特化できるし、上司と部下を分けることで、部署としての役割・機能を果たすこともできる。こう考えると、組織というものは従業員全員が違うことをできる人材でなければ意味がないともいえる。まったく同じことができる人材が二人以上存在しても、役割や機能が重複して効率的にならないからだ。だからこそ、結果的に多様性がある組織が求められるのだ。

また、変化に強い組織が生き残る。「強い者が生き残ったわけではない。賢い者が生き残ったわけでもない。変化に対応した者が生き残ったのだ」という有名な言葉のように、組織にはただ強さや利口さより、変化対応力が求められるのだ。これも、組織の人材に多様性があれば、より変化に対応しやすいとも考えられる。

逆にいえば、従業員が同じような考え方をしていたり、価値観が似た人間だけがいるなら、それはもろい組織だともいえるのだ。

しかし、現実は大きく違う。採用する人（会社）は、自分に似た人材を選ぶ。なぜなら、自分（会社）とまったく違う人材を採用したら、自分達の仕事がやりにくくなると思うからだ。やることなすこと、すべて「ノー」と言われたら仕事にならない。また、採用された人は、その会社に早く染まろうとする。まさに「朱に交われば赤くなる」だ。会社と違う考え方・行動をしていれば、それだけで軋轢が生まれ、周りも自分もそのほうがストレスが大きくなるからだ。

採用するほう、されるほうの双方の問題から、組織は多様性がなく、また多様性があったとしても同質化していくのだ。

組織には多様性が必要だからこそ、多様性を認めるために、次のことに注意する必要がある。

①会社にはいない人材を採用する

評価基準は仕事の成果にすべきだ。採用基準は、スキル・考え方・価値観がまったく違う人材にすべきだ。

すでに従業員ができていることをするための人材は不要。さらに、会社のカルチャーと違う人材をあえて受け入れることで、変化に強い組織ができるのだ。

②多様性を三つに分けて考える

多様性といっても、大きく三つに分けて考えなければならない。それは、「属性」「働く条件」そして「性質」である。

「属性」による多様性とは、性別・学歴・国籍・宗教のような、従業員の属性を多様化させることだ。そして、「働く条件」による多様性とは、雇用形態（正社員かパート・アルバイトなどの非正規社員か）や、働き方（在宅勤務やフレックス制度、育児・介護休業など）が多様化している組織を指す。

そして何よりも大切なのが「性質」の多様性だ。

真に多様性のある企業は、考え方、価値観、能力、スタイルなど、人それぞれの性質にこそ多様性を許容し、それを活かしているのだ。

あとがき

「二人で創業した会社は成功しやすい」という話がある。ソニーの創業期は、井深大が技術担当、盛田昭夫が営業担当をしていたという。ホンダの創業期、創業者である本田宗一郎は、藤沢武夫に経営のすべてを任せており、会社の実印すら見たことがないという逸話が残っている。日本で成功している会社のみならず、アメリカのIT企業でもグーグルを筆頭に、二人で創業した会社が多い。

二人で創業するメリットは、役割分担で語られることがほとんどだ。一人で何もかもできるわけではないから、自分ができない分野をもう一人が担当する。確かに、技術と営業、財務とマーケティングなど、役割がまったく違う分野で、それぞれが得意とする分野を担当すれば強い会社を作れそうだ。

しかし、役割分担だけでシナジーは出ない。「一＋一」を大きな数字にするには、役割分担を超える何かが必要なのではないか。

「二人で創業した会社は成功しやすい」とされる本当の理由は、「対話」にあると考えている。つまり、経営に関する悩みを一人で考えるのではなく、創業者二人が対話を重ねて結論を出す。このプロセスと結論にこそ、成功の理由があるのではないだろうか。

これはなにも、多数決や合議制を意味しているのではない。二人の意見が対立していてもいい。対話することで頭の中が整理され、丁々発止議論することでより高次元の考えが生み出されるということが大事なのだ。本著にも書いたが、人はアウトプットすることで頭の中がより整理される。一人でいくら考えても、良いアイデアが生まれることは非常に少ないのだ。

本著が共著になった理由はまさにここにある。「仕事ができる人は素アタマがいい」という発想から、では「素アタマがよくなるにはどうすればいいのか」という、非常に形式知にしにくい難題に挑もうとしたとき、一人では難しくても、二人で対話すればすばらしい本ができるのではないかという考えだ。

われわれ著者二人の共通点は、同学年であることや、すでに出版経験があるというだけにとどまらない。二人は社会人となる際に、久保憂希也は税務・会計のプロフェッショナルを、また芝本秀徳はソフトウェア開発のプロフェッショナルを目指すことに決めた。業界や目指す方向性は違えど、お互いが「手に職をつける」ことを決意した。

しかし、「手に職をつける」ことだけで仕事で結果が出せるようになったかといえば、それはまったく違う。働き始めて数年してから、「手に職をつける」という方向性は間違っていないが、何かが足りないと思い始めた。「まえがき」で述べた「技術」と「運用」の差に気づいたのだ。

本著の基本的なコンセプトは、久保が考えついたものだ。ビジネス書を数冊出版しながらも、ビジネス書の一読者として、「素アタマがよくなる本」をぜひ読んでみたかった。しかし実際に自分が書こうとすると、一人では難しいことに気づいた。そこで、私が個人的にセミナーを受講していた芝本に声をかけたというわけだ。芝本は考え方・生き方が似ている以上に、現場上がりの人間で、技術に固執しない強みを感じていた。

本著はまさしく、著者二人の対話でできあがった産物だ。「似ているようで違う」二人だからこそ作り出すことができた、そんな本だと自負している。

最後になりましたが、本著を執筆するうえで参考にさせていただいた諸先輩方。われわれは、あなたたちを見て育ってきました。本当に感謝しています。

また、本著の執筆にあたっては、ディスカヴァー・トゥエンティワンの千葉正幸さんには、大変お世話になりました。本著の内容とは裏腹に、常に原稿が遅れがちな我々二人を見限ることなく、最後までフォローしていただきました。

そして……本著を最後までお読みいただきましたあなた！　本著の内容を参考にし、実践していただけるのであれば、著者としてこの上ない幸せです。

二〇一八年二月

芝本　秀徳
久保　憂希也

ディスカヴァー携書
193

頭の回転を速くする45の方法

発行日　2018年2月25日　第1刷

Author　久保憂希也　芝本秀徳

Book Designer　寄藤文平　吉田孝宏（文平銀座）

Publication　株式会社ディスカヴァー・トゥエンティワン
〒102-0093　東京都千代田区平河町2-16-1 平河町森タワー11F
TEL　03-3237-8321（代表）
FAX　03-3237-8323
http://www.d21.co.jp

Publisher　干場弓子
Editor　千葉正幸＋林拓馬

Marketing Group
Staff　小田孝文　井筒浩　千葉潤子　飯田智樹　佐藤昌幸　谷口奈緒美
古矢薫　蛯原昇　安永智洋　鍋田匠伴　榊原僚　佐竹祐哉
廣内悠理　梅本翔太　田中姫菜　橋本莉奈　川島理　庄司知世
谷中卓　小田木もも

Productive Group
Staff　藤田浩芳　原典宏　林秀樹　三谷祐一　大山聡子　大竹朝子
堀部直人　塔下太朗　松石悠　木下智尋　渡辺基志

E-Business Group
Staff　松原史与志　中澤泰宏　西川なつか　伊東佑真　牧野類

Global & Public Relations Group
Staff　郭迪　田中亜紀　杉田彰子　倉田華　李瑋玲　連苑如

Operations & Accounting Group
Staff　山中麻吏　小関勝則　奥田千晶　池田望　福永友紀

Assistant Staff　俵敬子　町田加奈子　丸山香織　小林里美　井澤徳子　藤井多穂子
藤井かおり　葛目美枝子　伊藤香　常徳すみ　鈴木洋子　内山典子
石橋佐知子　伊藤由美　小川弘代　越野志絵良　小木曽礼丈　畑野衣見

DTP　株式会社RUHIA
Printing　共同印刷株式会社

ISBN978-4-7993-2232-1

携書ロゴ：長坂勇司
携書フォーマット：石間　淳